北京农业职业学院"双高""特高"建设项目系列教材

NONGCUN SHEHUI JINGJI
DIAOCHA SHIWU

农村社会经济调查实务

杜一馨 主编

·北京·

内容简介

《农村社会经济调查实务》从调查农村社会经济问题或现象的需求出发，介绍了农村社会经济调查的基础知识、农村社会经济调查的主要类型、农村社会经济调查的基本程序、问卷调查法、实地观察法、访谈调查法、调查资料的整理与分析，以及农村社会经济调查报告的撰写等内容；搭配数字资源（以二维码呈现），方便教学与温习。

本书突出对调查方法和操作性技能的介绍，适合高职院校及社会培训机构等作为教材使用，也可作为相关工作者的参考用书。

图书在版编目（CIP）数据

农村社会经济调查实务/杜一馨主编．—北京：化学工业出版社，2022.8
 ISBN 978-7-122-41609-4

Ⅰ.①农… Ⅱ.①杜… Ⅲ.①农村-社会调查-中国-高等职业教育-教材 ②农村经济-调查研究-中国-高等职业教育-教材 Ⅳ.①D668 ②F32

中国版本图书馆CIP数据核字（2022）第099954号

责任编辑：章梦婕　王　可　李植峰　　　　文字编辑：贾全胜
责任校对：田睿涵　　　　　　　　　　　　装帧设计：王晓宇

出版发行：化学工业出版社（北京市东城区青年湖南街13号 邮政编码100011）
印　　装：涿州市般润文化传播有限公司
787mm×1092mm　1/16　印张10½　字数235千字　2022年8月北京第1版第1次印刷

购书咨询：010-64518888　　　　　　　　　售后服务：010-64518899
网　　址：http://www.cip.com.cn

凡购买本书，如有缺损质量问题，本社销售中心负责调换。

定　　价：32.00元　　　　　　　　　　　　　　　　版权所有　违者必究

《农村社会经济调查实务》编写人员

主　编　杜一馨

副主编　康　杰

编　委　杜一馨　康　杰　吴宗君

策　划　杨永杰　张　晖　王晓民

前言

PREFACE

实施乡村振兴战略首先应对农村经济社会有明确的认识，而农村社会经济调查是了解农村社会经济的起点。《农村社会经济调查实务》以高职高专类院校现代农业经济管理、农村新型经济组织管理专业的学生为主要使用对象，从学生了解和认识农村社会经济问题或现象出发，重点介绍了农村社会经济调查的基础知识、农村社会经济调查的主要类型、农村社会经济调查的基本程序、问卷调查法、实地观察法、访谈调查法、调查资料的整理与分析，以及农村社会经济调查报告的撰写等内容。

本书结合农村实际，突出对实用性、可操作性强的调查技能的介绍，以期有效指导学生将调查研究的想法转化为具有实用性、可操作性的具体应用技术，从而开展科学的调查研究活动。全书旨在培养和提升学生的调查研究素养，使学生能够很好地进行农村社会经济调查活动方案的设计，并能够运用具体技术开展卓有成效的农村调查活动，撰写出有价值的调研报告。

本书是在北京农业职业学院的支持下完成的，主编杜一馨和副主编康杰长期从事农村社会调查和农村经济管理方面的教学与实践工作，积累了丰富的经验和资料。其中，第一章、第三章、第七章、第八章由杜一馨完成；第二章、第四章、第六章由康杰完成；第五章由吴宗君完成；杜一馨进行了全书的统稿工作。

本书在编写的过程中得到了北京市门头沟区统计局和农村工作委员会领导的支持，并且他们对本书的撰写提出了宝贵的意见和建议，在此一并表示衷心的感谢！

书中疏漏和不足之处，恳请专家、学者和广大读者批评指正。

编 者

2022 年 1 月

目录
CONTENTS

第一章　农村社会经济调查的基础知识 ... 001

第一节　农村社会经济调查的内涵和特点 ... 002
第二节　农村社会经济调查的任务和原则 ... 004
第三节　农村社会经济调查的方法和步骤 ... 006
第四节　农村社会经济调查中应注意的问题 ... 011
本章小结 ... 015
思考与练习 ... 016

第二章　农村社会经济调查的主要类型 ... 017

第一节　根据调查组织实施主体不同划分调查类型 ... 019
第二节　根据调查对象涉及范围不同划分调查类型 ... 022
第三节　根据调查的作用和目的不同划分调查类型 ... 030
第四节　根据调查资料所属时间不同划分调查类型 ... 033
第五节　几种主要的农村社会经济专题调查 ... 035
本章小结 ... 040
思考与练习 ... 041

第三章　农村社会经济调查的基本程序 042

第一节　调查的一般程序 043
第二节　确定调查课题 045
第三节　完成调查方案的设计 049
第四节　组建农村社会调查队伍 053
第五节　安排各阶段的调查任务 057
本章小结 059
思考与练习 059

第四章　问卷调查法 060

第一节　问卷调查的分类 062
第二节　调查问卷设计的要点和程序 066
第三节　调查问卷的基本结构 070
第四节　设计调查问卷 073
第五节　实施问卷调查并进行评价 077
本章小结 079
思考与练习 080

第五章　实地观察法 081

第一节　实地观察法的含义及分类 082
第二节　实地观察法的原则及优缺点 088
第三节　实地观察法的实施程序和技巧 091

本章小结 ... 095
思考与练习 ... 095

第六章　访谈调查法 ... 096

第一节　访谈调查法的分类 ... 097
第二节　访谈调查法的实施程序 ... 100
第三节　访谈调查法的要点及技巧 ... 105
第四节　访谈调查法的优点和不足 ... 113
本章小结 ... 114
思考与练习 ... 115

第七章　调查资料的整理与分析 ... 116

第一节　调查资料整理概述 ... 117
第二节　问卷资料的整理 ... 122
第三节　文字资料的整理 ... 125
第四节　数字资料的整理 ... 128
第五节　调查资料的分析 ... 136
本章小结 ... 141
思考与练习 ... 141

第八章　农村社会经济调查报告的撰写 ... 143

第一节　农村社会经济调查报告的类型、特点及其作用 ... 144

第二节　农村社会经济调查报告的格式和结构 149

第三节　撰写农村社会经济调查报告的基本要求和步骤 153

本章小结 158

思考与练习 158

参考文献 159

第一章
农村社会经济调查的基础知识

学习目标

1. 理解农村社会经济调查的内涵。
2. 了解农村社会经济调查的任务和功能。
3. 掌握农村社会经济调查的方法和步骤。
4. 熟悉农村社会经济调查中应注意的问题。
5. 了解农村社会经济调查中的相关法律规定。

思政与职业素养目标

培养实事求是、公平公正的工作作风。

河北省馆陶县发展特色小镇调查

河北省馆陶县是一个千年古县，大唐名相魏徵故里。这里地处黄河故道、黑龙港流域，远离中心城市，原是一个省级贫困县，自然禀赋较差。从2014年3月开始，秉承"小镇文化"的理念，馆陶县以"美丽乡村"为载体，打造了粮画小镇、教育小镇、黄瓜小镇、羊洋花木小镇、杂粮小镇等一批具有乡村风情、城市品质的特色小镇，推动了乡村休闲旅游产业的蓬勃发展。2019年以来，粮画、黄瓜、教育等一批特色小镇接待游客达260余万人次，实现旅游综合收入1.4亿元。"贫困户+旅游商品""贫困户+农家乐"等模式让一批贫困户增加了收入。

以馆陶县教育小镇王桃园村为例，全村125户、520人，原来没有什么人气，受关注度也不高。馆陶县的主要领导在一次调研时了解到，王桃园村自高考制度恢复以来，考出了130多名大学生，几乎家家户户都有大学生。通过这次调研，县里决定以这种教育现象为资源，发展教育旅游产业，并将其称为"教育小镇"。教育小镇经过4年多的精心打造，一个教育主题村孕育成形，教育体验、教育旅游、教育产业随之打造完成。教育小镇通过启动"游客来小镇，静修读诗书"活动，并配套相应的民宿餐饮休闲服务和互动活动，树立了自身品牌。更重要的是，在教育小镇的带动下，整个馆陶县提升了知名度，汇聚了人流、信息流、资金流。教育小镇被河北省文化厅命名为"十大书香村"，被河北省书法家协会命名为"河北省书法村"。

启示：农村社会经济调查对我们了解某地区农村社会经济特点，并依此制定农村社会经济发展战略具有重要的作用。

重点导读

没有调查就没有发言权，调查研究是深入群众、做好基层工作的重要依托。做好农村社会经济调查工作是一个系统工程，既有内容和问题的设计，又有目标和对象的选取，还有调查方式和方法的使用等问题，需要在实践中摸索掌握。

第一节
农村社会经济调查的内涵和特点

社会经济调查是政府、企业、非营利组织、个人获得社会经济信息的主要方式，是随着市场经济的不断发展和完善而发展起来的。通过科学的调查方法掌握准确的社会经济信息，已成为组织机构提高决策能力和管理水平、合理整合资源、提升整体竞争力的关键手段。农业是国民经济的基础，农业、农村和农民"三农"问题是关系到我国改革和现代化建设全局的重大问题。通过准确掌握农业生产和农村经济社会发展的基本情况，能够对准确研判"三农"形势与科学制定"三农"政策起到重要的支撑作用。

一、农村社会经济调查的概念

社会经济调查是针对人们从事社会活动和经济活动时产生和需要的信息进行系统搜集的活动和过程，这种活动和过程有助于改进人们的决策行为，纠正人们主观认知上存在的偏差，从而有利于人们找到实现目标的正确途径和手段。

1. 农村社会

农村社会是在一定的地域范围内，由一定数量的人口、特定的生产方式和经济结构、特定的社会组织和政治制度、特定的意识形态和心理特征，以及特定的行为规范和生活方式等要件构成的错综复杂的社会子系统。农村社会结构具有多层次、多方面的特点，这决定了农村调查的多层面和多角度。

2. 农村社会经济调查

农村社会经济调查是在科学的理论指导下，运用各种科学的方法和经验等研究手段，有步骤地去考察农村的生产、分配、流通、消费等情况，收集必要的农村经济资料并分析各种影响农村经济的因素及其相互关系，以达到掌握农村经济实情、解决农村经济问题、推动农村经济发展目的的调查。

二、农村社会经济调查对象的范围和特点

（一）农村社会经济调查对象的范围

农村社会经济调查的研究对象以农村为整体，涵盖农村经济和社会现象的数量特征和数量关系。

农村社会经济调查对象包括：农村生产情况，如农村的地理位置、地形、气候、土壤、劳动力资源、人口、交通、农村住户经济、农村市场、农作物产量、林业生产情况、自然灾害等；农村分配情况，如村民拥有机械情况、农村经济收入分配情况、投入农业生产的劳动力资源情况、农业灌溉普及情况等；农村流通情况，如农产品的国内供给情况、农产品出口情况、农村可提供的畜禽数量、农产品市场流通情况等；农村消费情况，如农村农民的教育文化费用情况、农产品成本情况、农民每月生活支出情况、农作物管理费用情况等。此外，对农村信息服务网络的调查是进入 21 世纪才普及的一种新的调查内容，新时期我国很重视这方面的调查研究，以便于提出能让农民及时掌握农村市场信息的政策。

（二）农村社会经济调查的特点

农村经济内容的广泛性、经营方式的多样性和农业生产的自然属性等特点，决定了农村社会经济调查有其固有的特点。

1. 农村社会经济调查周期长且具有季节性

由于农业生产周期较长（通常为一年），所以只能以一年为一个周期去核算农产品

总量和农业经济效益,从而决定了农村社会经济调查任务主要集中到年终一次完成。同时,由于农作物生产的季节性,农作物播种面积和农产量统计等也必须根据季节进行调查统计。

2. 农村社会经济调查涉及内容广泛

农村社会经济调查涉及农村基本情况调查、农村生产条件调查、农村产业结构和生产总规模调查、农村住户情况调查、农村社会发展情况调查等指标。

3. 农村社会经济调查方法灵活多样

农村社会经济调查主要不是研究个体单位的数量及其变化,而是研究农村社会经济现象总体的数量特征及其变化规律。针对农村经济内容的广泛性和经营方式的多样性的特点,农村社会经济调查必须采取灵活多样的调查方法。因此,必须坚持全面统计报表、普遍调查、抽样调查、典型调查、重点调查、科学推算等相结合的综合分析方法。只有这样,才能有效地解决农村统计取材难和数据难以统计准的问题。准确地运用点面结合的资料,有助于深入地认识大量现象的本质特征及其变化规律。

4. 农村社会经济调查综合性强

农业是基础的物质生产部门,所以农村经济调查涉及较多其他知识领域,在对某一经济现象进行分析时,应联系其他影响农村经济的因素,如政治、文化、生态等,运用多学科的知识对研究的内容进行分析。

 小思考

> 农村社会经济调查主要包括哪些内容?

第二节
农村社会经济调查的任务和原则

一、农村社会经济调查的任务

农村社会经济调查的基本任务,就是运用各种调查方法,全面、准确、及时地收集和整理农村资料，一方面为各级党政部门了解情况、指导工作、制定农村政策、编制农村经济和社会发展计划、预测宏观经济运行情况提供依据；另一方面为社会公众，特别是为农村经济组织和广大农民群众提供信息服务。不同时期农村社会经济所面临的主要问题不同，农村社会经济调查的具体任务也在不断地发生变化。

1. 提供农村社会经济发展情况数据

通过调查研究，可以掌握全面、准确、详细的农业、农村和农民的基础资料，摸清我国农村经济和社会发展的实际情况，为党和政府制定农村政策、编制国民经济和社会发展规划提供信息及分析资料，并监督政策和规划的执行情况，监测农村经济的运行态势和运行状况。农村社会经济调查工作取得的资料，首先要真实可靠，其次要具有时效性，最后数据资料要做到全面反映实际情况。

2. 找出农村社会经济的发展规律

搜集得来的资料只是浅显地反映农村社会经济情况，可能有些资料还是假象，所以要对资料"去粗取精，去伪存真"，找出农村经济发展的规律和特点，分析阻碍农村社会经济发展的根本原因，对经济的发展进行预测。

3. 综合分析调查数据，撰写调查报告

对农村社会经济调查中取得的数据资料进行综合分析研究，写出有观点、有内容、有价值的统计分析报告，并对农村社会经济发展前景进行分析预测、预警和预报。

二、农村社会经济调查的原则

(1) 客观性原则　是指在社会调查中资料的收集、分析，以及结论的得出都应排除研究者的主观因素的干扰。

(2) 科学性原则　是指研究及其结论的实证性和逻辑性。

(3) 系统性原则　是指把调查对象放在一个系统、一个整体中去分析了解其内在规律和本质。

(4) 理论与实践相统一原则　是指在科学理论指导下，对实践的认知，以及在此基础上进行的理论抽象过程。

(5) 伦理道德规则　是指被调查者的人格尊严应得到尊重，调查应更加人性化，以达到更好的调查效果。

第三节

农村社会经济调查的方法和步骤

一、农村社会经济调查的方法

农村社会经济调查方法在整个农村调查研究活动中居关键地位。基于一定的调研目的，采取什么方式和手段收集第一手资料，把所要研究的农村客观实际了解清楚，事关整个调研活动的成效。农村社会经济调查方法是以农村社会经济现象和农业社会经济问题作为调查对象，在选题、调查方案设计、资料搜集、资料整理、资料分析和撰写调查报告过程中所运用的各种理论和研究方法。它既包括考察、了解农村经济实际情况的各种感性认识方法，又包括对搜集到的感性材料进行统计分析和思维加工的各种理性认识方法。

国家统计部门为了搞好农村经济调查，在全国各省、自治区、直辖市和调查县成立了专门的农村经济抽样调查队。国家还成立了调查总队，负责组织领导农村经济调查工作，并制定全国统一的调查方案。现已形成了以农业普查为基础，以常规抽样调查为主体，以重点调查、典型调查为补充等多种调查方法并存的统计调查方法体系。通过准确掌握农业生产和农村经济社会发展的基本情况，能够为党中央、国务院科学制定"三农"政策提供坚实的统计支撑。

（一）按调查对象所涉及的范围分类

按调查对象涉及的范围，农村社会经济调查方法可分为全面调查法、抽样调查法、典型调查法和个案调查法等。

（1）全面调查法　是对全部研究对象进行的无一遗漏的调查，是最全面和最准确的一类调查，主要适用于掌握一定时期内某一区域农村经济社会实际的总体状况。全国统一组织开展的农业普查即为此种调查类型。其不足之处是需投入大量人力、物力、财力，成本高，时间周期相对较长。

（2）抽样调查法　是一种非全面调查，是从全部研究对象中随机抽取一部分作为样本进行调查，并通过样本结论推及总体状况的调查方式。与全面调查相比，抽样调查既可以节省时间和人力、物力、财力，时效性强，又可以比较准确地推断总体状况，代表性也较强，在农村调查实践中得到广泛应用。如国家统计局开展的农村住户家庭收支状况统计就是采用抽样调查的方式。需要注意的是，应用抽样调查需要严格遵守抽样程序，否则会影响推断总体的准确性。

(3) 典型调查法　是选择有代表性的点进行调查，其特点是运用共性寓于个性之中的道理，通过深入解剖"麻雀"，以少量典型来概括或反映全局，发现带有普遍性的东西。这种方法最大的好处是可以进行深入调查，能够对所选择的特定对象进行具体、深入的了解，又可以节省时间、人力，但推断总体时其代表性可能出现偏差。

(4) 个案调查法　是从总体中选取一个或几个调查对象进行深入、细致的调查，重在描述和解释个体的行为。

 小思考

个案调查和典型调查的区别是什么？

（二）按收集资料的具体方式分类

按收集资料的具体方式，农村社会经济调查方法可分为统计报表法、问卷调查法、座谈会法、个别访谈法和观察法等。每一种方法都各有其特点，适用于不同的调研目的、条件和要求。

(1) 统计报表法　是一种统计调查，主要以统计表形式来反映调查对象或事物现象的数量特征，为做规模、速度、结构等统计分析服务。

(2) 问卷调查法　是社会调查研究的一种常用方法，主要以问卷形式了解被调查者对某社会问题的认知程度或态度，将能够说明社会问题的概念转化为可测量的变量。

(3) 座谈会法　座谈会通常由6～10个人聚到一起，在一个主持人的引导下对某一主题进行深入讨论。座谈会不同于"一问一答"式的面访。因为是多人讨论，在有经验的主持人的主持下，受访者互相之间有一个互动作用，一个人的反应会成为对其他人的刺激，这种互动作用会比同样数量的人做单独陈述时提供更多的信息。座谈会研究是定性的、指导性的。要开好一个座谈会，应先明确它的主题、目的，事前做大量的调查研究，多查一些数据性的资料，分析研究，得出最后的结论。座谈会比个别访谈信息量大、省时，但不如个别访谈具体、深入，通常需要将两种方法结合起来用。

(4) 个别访谈法　调查人员与被调查者面对面或通过电话交谈，以获取所需资料的方法叫作访谈法，常用的方式有以下三种。

① 结构式访谈：调查人员根据事先设计好的问卷，逐条询问被调查者的方法叫作结构式访谈，又名访谈式问卷调查。

② 半结构和非结构式访谈：调查人员根据研究的主题，提出要了解的主要问题，然后与被调查者进行交谈，在调查中不是依照事先提出的问题按部就班地提问，而是根据被调查

者的反应情况，随时提出一些新的问题，逐步深入主题。

③ 专题小组讨论：是一个小组的调查对象，在一个主持人的带领下，根据研究目的，围绕着某个主题，进行自由和自愿的讨论。结果只能进行定性分析。

(5) 观察法　即通常说的蹲点调查，同被调查者生活在一起，作为他们中的一员去细致地观察他们，对客观实际作深度了解。它通过对事件或研究对象的行为进行直接的观察来收集数据，是收集非言语行为资料的主要技术。

（三）按资料的分析方法分类

按资料的分析方法分类，农村社会经济调查方法可分为定性分析法和定量分析法。

(1) 定性分析法　是依据预测者的主观判断分析能力来推断事物的性质和发展趋势的分析方法。这种方法可充分发挥管理人员的经验和判断能力，但预测结果准确性较差。它一般是在农村社会经济调查对象缺乏完备、准确的历史资料的情况下，首先邀请熟悉该农村工作情况的专家，根据他们过去所积累的经验进行分析判断，提出初步意见，然后再通过召开调查座谈会的方式，对上述初步意见进行修正、补充，并作为预测分析的最终依据。

(2) 定量分析法　是对社会经济现象的数量特征、数量关系与数量变化进行分析的方法。在社会科学中常用的定量分析是社会统计。它通过分析政治、经济、文化等社会现象的数量，用运算推导社会现象的规律和特征，如农村经济统计、农村人口统计等。

质与量是辩证统一的关系，一定的质表现为一定的量，一定的量又反映一定的质，因此最可靠的方式是把定性分析与定量分析结合起来，防止产生认识事物的片面性。定性分析与定量分析的统一是社会科学与自然科学一体化的重要表现。

二、农村社会经济调查的步骤

农村社会经济调查应包括三个步骤或阶段：一计划与准备阶段、二资料搜集阶段、三资料整理与汇总阶段。

（一）计划与准备阶段

调查研究的过程就是科学决策的过程。农村社会经济调查必须善于对各种情况进行去粗存精、去伪存真、由此及彼、由表及里的分析，这必然依赖于调查者自身对该领域专业知识的熟练掌握和调查前的充分准备。

完成好一项高质量、高水平、高效益的调查，基本前提是要做好充分的准备工作。事前准备越充分，调查研究就越深入，调查结果的价值就越突出，对工作的指导性就越好，决策的参考度就越高。具体来说，一是要了解群众需求，有针对性地确定选题，熟悉有关政策规定以及调查课题的历史背景及研究状况，避免重复劳动；二是对调查的对象、重点、难点、调查方法要做到心中有数，有的放矢。

调查准备阶段是社会调查的决策阶段，是社会调查的真正起点，在这个阶段必须舍得花时间和力气，做好事前工作。这一阶段的工作内容包括三项：选择调查课题、设计调查方案、组建调查队伍。

（1）选择调查课题　一个好的课题，既是调查工作取得成果的保证，又是整个调查目的和方向的体现。选择调查课题是一项社会经济调查活动的起点。调查课题是指为解决某一具体的、目标明确、内容较集中的问题而进行研究的确定内容。某项调查活动的课题可以是多个，但在一次具体的调查活动中一般只能选择其中的一个课题。通常所说的调查课题，一般是指对要进行调查研究的某一中心问题与确定的具体内容的概括。

（2）设计调查方案　调查方案是农村经济调查过程中的一个重要环节，科学设计调查方案是保证农村社会调查取得成功的关键步骤。

（3）组建调查队伍　慎重组织调查队伍是顺利完成调查任务的根本保证。

  费孝通的调查情缘

1938 年，费孝通先生发表了他享誉世界的论文——《开弦弓，一个中国农村的经济生活》，那年他 28 岁。1935 年 12 月费孝通先生在广西大瑶山的调查中意外受了重伤。1936 年，费孝通先生在家乡疗伤期间，走进江苏苏州开弦弓村深入调查农村情况，并于 1938 年在英国伦敦学习时撰写了上述博士论文，也就是他后来的重要著作《江村经济》，"江村"是他给开弦弓村起的学名。《江村经济》后来被学界称为中国农村社会经济及其制度调查研究的代表作，是人类学实地调查和理论工作发展中的一个里程碑。而在今天，仍有不少青年学者来到"江村"，沿着费孝通先生的足迹，传承着他专业研究者的角色。

启示：费孝通先生的实地调查，是一种"求实从知"的研究路径。我们能从他的生平和著作中有所收获，培养敏锐的观察力和扎实的调查功底，能够在以后的调查工作中更好地认识社会。

调查课题的来源：一是由上级直接布置的课题，由上级布置的课题一般不存在选题的问题；二是由自己确定的调查课题。自己确定调查课题时，需注意以下问题。

一是要考虑所选调查课题是否为社会所需要。课题选择者（调查研究者）要注意从新的理论视角提出问题，不要选择那些陈旧的课题，要特别关注和发现那些与当前农村改革切实相关的课题。一个好的选题能抓住农村社会发展的脉搏，能反映现实生活中的重大理论和实际问题，具有时代意义和现实意义，这样的课题价值和效用就比较大。

二是要依据调查者和调查对象的现实条件完成课题的调查研究工作。调研课题要与调研目的或者所要解决的实际问题相适应，要与研究力量和研究能力相适应。对于缺乏经验或缺乏专业知识的调研人员来说，研究课题应简单、浅显一些，从小问题开始，逐步积累经验。

三是调查课题应具有创新性和独特性。农村社会经济调查课题要能够提供新知识、新方法、新观点、新材料。如果选择的调查课题只是简单重复别人早已做过的调查，那么这样的课题是没有研究价值的，也是没有意义的。

（二）资料搜集阶段

调查阶段是调查者与被调查者直接接触的阶段，又称资料搜集阶段。在这个阶段，调查者要深入实地接触被调查者，调查工作中所投入的人力最多，遇到的实际问题也最多。因此，这也是调查者受种种外部因素制约而无法完全控制自己工作进程的阶段。要顺利完成调查阶段的任务，调查者要与被调查者建立良好的沟通渠道，努力争取他们的积极支持和帮助。

（三）资料整理与汇总阶段

调查资料的整理与汇总阶段中调查人员将分工收集的资料进行汇总、归纳和整理，对信息资料进行分类编号，然后进行初步的加工，最后计算出各种比例，以文字或图表的形式对这次的调查对象进行研究。这是从感性认识到理性认识的过程。这一阶段的主要任务是检查和修正资料，运用计算机的有关软件输入和编排资料，应用统计学原理和方法研究农村社会经济现象的数量关系，用统计分析的图形或图表的方式，直观和简单地表述出农村社会经济现象的情况。它需要综合多门学科和理论对农村社会经济现象进行分析，说明其前因后果，揭示出事物的本质和发展规律。

第四节
农村社会经济调查中应注意的问题

在农村社会经济调查中，要坚持问政于民、问需于民、问计于民，才能从根本上保证"三农"政策的正确制定和贯彻执行。考虑到中国特定的社会文化以及农村的客观现实情况，调查者必须对调查行为本身可能对调查对象产生的影响加以慎重考虑。这些不仅体现了农村调查中研究伦理的具体作用，更体现了研究者的学术水平及其对农业农村现实问题的把握。

（一）选好题、拟好纲、定好点、多走访、善总结、勤动笔

提升农村社会经济调查质量需要"选好题、拟好纲、定好点、多走访、善总结、勤动笔"。

1. 选好题，走好调查第一步

好的选题是成功的开始。调查前选题通常有三种方式：一是自我选题；二是联合选题；三是领导点题。其中，联合选题和领导点题基本只需要单向接收，而自我选题需要根据调研实际确定调研题目。自我选题一般应做好以下几个方面的资料搜集：当前农村社会经济中的焦点议题，党政文件提及的热门议题，发展规划中立项的系统议题，社会公众关注的痛点议题，报表数据中凸显的存在问题，其他可供借鉴的材料等。

2. 拟好纲，理清调查思路

首先，明确大纲。大纲应尽可能包含全面：一要包含调查对象的分类，以便于分类研究；二要包含调查事项现状；三要包含调查事项的评价及不足；四要包含对调查事项的建议。其次，细化条目。调查大纲确定后，需要对每个大纲分项进行细化。调查内容要全面；题目之间逻辑关系要合理；问题选项要完整；调查问卷尽可能少列开放题，走访提纲多列思考题。最后，走访验证。拟定调查提纲后，需要开展试调研，以验证调查提纲的完整性、适用性。根据试调查的反馈意见，对调查提纲进行修改、完善。

3. 定好点，提升调查针对性

开展农村调查工作，必须熟悉当地农村发展现状，对当地的农村发展典型需要做到了然于胸。每次开展抽样前，首先必须整理抽选范围。其次是抽选样本。抽选样本必须遵循代表性高的原则。在抽样范围整理完成、确定样本数量后，可采用随机等距抽样、人口规模抽样或经济规模抽样；也可根据调查题目，在样本框中指定几个代表性较高的调查样本。最后是核实样本。为消除抽样误差，在调查样本确定后，应进行样本核实。确定单个样本的抽样依

据是否真实；确定每个样本之间是否具有相似性，如果相似性较高，为节约调查时间，可以剔除相似样本；确定样本调查的难易程度，如能否参加、配合调查。

4. 多走访，深入一线了解民情

在农村调查中，到实地走访取得的素材比问卷调查的数据更有说服力，在文章撰写中使用频率也较高。因此，走访调查是提升调查质量的重要手段。

从走访对象看，分为三类。一是部门走访。农业部门是农村发展政策的制定者、农村发展成果的考核者，掌握了大量的政策材料、农村发展材料和未来发展规划。做好部门走访，是开启农村实地走访的第一步，在特定情况下也是整理调查样本框的第一步。二是基层走访。基层是指镇（街）政府和村委会，它们是农村工作的具体执行者。在基层走访能够取得相关政策的效果反馈，了解政策的不足、群众评价以及相关对策建议。三是群众走访。群众是指调查样本点中的村民，他们是农村发展成果的受益者。在群众中走访能够获得相关政策执行情况以及成效的评价，了解政策本身或执行过程中的不足，知晓村民对发展的期望以及相关建议。

从走访形式看，分为两类。一是上门走访。上门走访就是一对一面谈，面谈地点一般在被走访者的工作地点或生活地。其优点是方便被走访者安排调研时间，走访者也能够在一对一面谈的过程中深入探讨议题。二是集中座谈。集中座谈就是一对多面谈，面谈地点一般安排在被走访者附近的会议室。其优点是节省调研时间，座谈时能从多角度对议题开展探讨，集思广益地提出相关对策建议。

5. 善总结，发掘调研闪光点

首先是研究政策。从中央到地方、从政府到部门，针对农业、农村、农民的政策较多，调查人员需要静下心来认真分析比较。对于本地施行的政策，调查人员需要对照调研素材进行得失分析；对于其他地区施行的类似政策，调查人员需要研究其优缺点，进行改造，使其能够适用于本地。其次是分析素材。实地走访取得的事例一般用于定性分析，数据一般用于定量分析。调查完成后，调查人员需要根据事例和数据对调查结果进行定性、定量分析，初步提出对策建议。最后是验证结论。在得出调查结果后，调查人员需要与相关部门进行结论核实，验证结论是否具有普遍性。同时，将对策建议与相关部门进行交流，完善建议；也可以对调查对象进行回访，验证结论，完善建议。

6. 勤动笔，写出调研好文章

初稿要全面。如果素材较多，写作时可能会出现难以取舍的情况。此时可将所有调查素材全部写下来，在写的过程中整理思路，判定素材取舍。在初稿完成后，根据整理好的思路，重新撰写调查文章。结构要紧凑。一篇文章最好围绕一个中心观点进行撰写，如果调查结论有多个观点，可适当分解、归类，撰写多篇文章。在围绕一个观点的同时，文章的布局也需紧凑，要求围绕中心、详略得当。论证要严谨。每个观点都需要有相关的数据或事例支撑，不能想当然地提出观点而不进行论证。对策建议要有可行性、实用性，最好能有预期效果展示，不能脱离实际提建议。文字要推敲。在结论、结构、建议等要素都完备的情况下，文字表达水平的高低决定文章是否出彩。

（二）尊重和保护调查对象

考虑到中国特定的社会文化以及农村的客观现实情况，在农村社会经济调查中应遵循知情认可原则、平等和尊重原则、非受损原则。在操作层面需处理好报酬给付、伦理约束与认识局限性、调查者的责任冲突及其协调问题。这些不仅体现了农村调查中研究伦理的具体作用，更体现了研究者的学术水平及其对农业农村现实问题的把握。

1. 知情认可原则

知情认可原则是指调查者在进行相关调查时必须让调查对象知情且同意。调查者与调查对象沟通交流的前提是双方地位平等，调查者无权，更不能强制要求调查对象主动、无代价地配合开展调查活动。调查者可以通过说服、经济补偿等多种途径，使调查对象参与调查中，但不能采用威胁、命令等方式。

在农村调查中，调查者作为调查的发起者、控制者与评判者，具有社会地位、信息等多方面优势，在有偿调查中这种优势地位更加明显。要形成相对平等的沟通交流与互动，在收集和使用个人资料信息时，要征得调查对象的同意，特别是访谈资料、隐私资料。在收集资料和使用资料时都要获得调查对象的授权许可，调查对象具有知情权。调查资料的匿名与保密也是调查者对研究对象权益的保护和尊重。

在农村社会经济调查中，如果涉及调查对象是个人、家庭或企业，应先征询调查对象意见，问其是否方便接受调查，在对方同意的前提下开展相关调查工作。例如，采用问卷调查时，调查问卷扉页中一般写"尊敬的农民朋友您好"，首先对调查对象愿意接受调查表示感谢。在此基础上继续交代调查者身份，来调查什么，是否涉及敏感问题，是否有可能给对方带来不便，具体的回答方法，并再次感谢调查对象的配合和支持。现场进行调查时，在具体询问和信息采集过程中，调查对象如感到尴尬或不便回答，可以根据调查对象的特征与反应及时调整相关问题的次序，做出必要调整，甚至终止相关调查，从而最大限度地保障调查对象的知情认可权利。在调研结束后，调查者对调查对象再次表示感谢，有时可以赠予一些小礼品。

在农村社会经济调查中，如果涉及地方政府或相关部门调查时，调查者在调查之前需开具一封介绍信，说明调查者是谁、出于什么目的去当地做什么调查、调查内容是什么、是否涉及敏感问题、需要对方做什么、调查什么时候结束等。对于地方政府或相关部门而言，同样存在一个知情认可的问题，只有交代清楚并注意到相关程序和细节，才能打消地方政府和相关部门的疑虑，他们才有可能给予必要的支持和配合。让调查对象感到自己受到尊重，让其在心情愉悦的状态下接受调查就显得十分必要。调查中和政府部门打交道时，同样也需要注意这些问题。

2. 平等和尊重原则

作为研究伦理原则的平等和尊重十分重要，更需在农村社会经济调查中得到贯彻落实。在农村社会经济调查中，如果仅在口头上尊重农民，在操作中却持高高在上的"救世主心态"，那么调查很难得到满意的结果。这种平等和尊重不仅应体现在书面文字上，更应体现在言行举止上，让调查对象切实感受到调查者发自内心的尊重。惟其如此，才有可能得到农村干部群众的理解、支持与帮助。在具体操作中，调查者不需刻意表现出某种关怀，而应从调查对象视角换位思考，在尽量不给其带来心理冲击的前提下，以平常心对待他们。

平等对待和尊重调查对象也与调查者的定位有关。在农村调查中，调查者仅仅是调查者和研究者，不是道德法官，更不是道德警察。惟其如此，调查者与调查对象才可能有真正意义上的交流，如果不尊重且不平等对待调查对象的话，调查就会失去应有的价值和意义。只有摒弃相关偏见，以"常无"的心态去开展调查，才有可能发现真问题，对学科发展做出贡献。

3. 非受损原则

农村社会经济调查的目的应在一定程度上改进调查对象的福利。如果做不到这一点，至少也应使调查对象不因接受调查而受伤害，不管这种伤害是有形的还是无形的，也不管这种伤害是物质的还是精神的，这就是非受损原则。对于农村调查来说，确保非受损原则的有效办法就是保密，不泄露调查对象的文字、声音、影像信息。即使在调查对象知情认可的情况下，也应向其说明相关资料的使用范围，并承诺在使用后妥善保管或者予以销毁。对跟踪研究而言，也要做好相关资料的编码、归档和保管工作，以便最大限度地保障调查对象的信息安全。

调查者必须审慎考虑调查对象的处境，以及调查活动本身对调查对象可能产生的影响。对非受损原则的把握，不仅体现了调查者对农业和农村的熟悉程度，也反映了调查者的学术功底和研究能力。如果对所研究的问题缺乏深入了解，对研究对象的特征和诉求缺乏较好的把握，调查者就无从知道是否会伤害调查对象，更不清楚怎样才能使得调查者受益。例如，在农村社会经济调查中，作为调查对象的农村干部和群众可能想到的是"如果我的回答和别人不一样，是否会给我带来麻烦"，致使调查对象对接受调查顾虑重重。在这种情况下，调查对象往往会揣摩调查者的意图，并试图给出符合主流认识的策略性回答，从而尽可能消除给自己带来的潜在风险和麻烦，导致调查数据失真，失去意义。作为调查对象的农村居民一般性格保守，具有从众心理，且对自身利益比较敏感。调查者与调查对象的信息交流有时可以帮助其获得相关领域内的知识，并有助于其获取更高收入。如一些专家学者在田野调查与调查对象聊天时，向调查对象提及相关农业经营风险和可能的规避处置措施，以及当前国家给予农民的惠农政策等，这同样是非受损原则在农村调查中的具体体现。

因此，调查者应了解调研对象关注什么、担心什么，并告知调查对象为规避风险可以采取的保密性措施，打消其疑虑，营造良好的沟通交流和互动氛围，从而尽可能为调研的顺利开展打下心理基础。也只有在这种情况下的农村调查，才能更好地理解调研对象的行为，从调研对象的视角理解调查获取的相关信息。

（三）遵守农村社会经济调查中涉及的相关法律法规

(1)《中华人民共和国统计法》于1983年12月8日第六届全国人民代表大会常务委员会第三次会议通过，根据1996年5月15日第八届全国人民代表大会常务委员会第十九次会议《关于修改〈中华人民共和国统计法〉的决定》修正，2009年6月27日第十一届全国人民代表大会常务委员会第九次会议修订，自2010年1月1日起施行。

(2)《中华人民共和国统计法实施条例》于2017年4月12日国务院第168次常务会议通过，自2017年8月1日起施行。

(3)《全国人口普查条例》于2010年5月12日国务院第111次常务会议通过，自2010年6月1日起施行。

(4)《全国农业普查条例》是根据《中华人民共和国统计法》制定的，为了科学、有效地组织实施全国农业普查，保障农业普查数据的准确性和及时性，由国务院于2006年8月23日发布，自发布之日起施行。

(5)《全国经济普查条例》是由国务院于2004年9月5日颁布的文件。2018年7月4日，国务院第15次常务会议通过了《国务院关于修改〈全国经济普查条例〉的决定》，于2018年8月11日开始执行新的《全国经济普查条例》。

(6)《土地调查条例》由国务院于2008年2月7日公布。条例共分为总则、土地调查的内容和方法、土地调查的组织实施、调查成果处理和质量控制、调查成果公布和应用、表彰和处罚、附则七章，于2016年2月6日第一次修订、2018年3月19日第二次修订。

(7)《关于统计报表管理的暂行规定》由国家统计局制订，于1980年11月17日国务院批转的法律法规。

本章小结

农村社会是在一定的地域范围内，由一定数量的人口、特定的生产方式和经济结构、特定的生活方式和行为规范、特定的社会组织和政治制度、特定的意识形态和心理特征等要件构成的错综复杂的社会子系统。

农村社会经济调查是指人们有目的、有意识地，以人类认识活动中的经验、观察为基础，按照一定的程序，使用各种科学的技术和方法，接触农村社会经济生活，了解和认识农村社会经济状况，收集各种社会经济信息和资料的活动。

农村社会经济调查的基本任务，就是运用各种调查方法，全面、准确、及时地收集和整理农村资料，一方面为各级党政部门了解情况、指导工作、制定农村政策、编制农村经济和社会发展计划、预测宏观经济运行情况提供依据；另一方面为社会公众，特别是为农村经济组织和广大农民群众提供信息服务。

农村经济调查的方法可以分为两种：一种是全面调查，另一种是非全面调查。从收集资料来看，调查方法可以分为文献法、观察法、访谈法、参与式调查法等。从资料分析来看，调查分析可采用定性分析法和定量分析法。

农村社会经济调查者要了解中国特定的社会文化以及农村的客观现实情况，对调查行为本身可能对调查对象产生的影响加以慎重考虑，同时还要熟悉与调查相关的法律制度。

思考与练习

1. 什么是农村社会经济调查？
2. 农村社会经济调查有哪些特点？它的任务和意义是什么？
3. 农村社会经济调查应遵循哪些原则？
4. 在农村社会经济调查中需要注意哪些问题？

PPT 课件

第二章
农村社会经济调查的主要类型

学习目标

1. 了解农村社会经济调查的分类方法。
2. 掌握农村社会经济调查的主要类型。
3. 能针对实际工作情况选择调查方式。
4. 了解几种农村社会经济专题调查。

思政与职业素养目标

熟悉农村工作,培养严谨认真规范的工作习惯。

第三次全国农业普查主要数据公报

为摸清"三农"基本国情,查清"三农"新发展、新变化,国务院组织开展了第三次全国农业普查。这次普查的标准时间为 2016 年 12 月 31 日,时期资料为 2016 年度。普查对象包括农业经营户,居住在农村有确权(承包)土地或拥有农业生产资料的户,农业经营单位,村民委员会,乡镇人民政府。普查主要内容是农业生产能力及其产出、农村基础设施及其基本社会服务和农民生活条件等。农业普查采用全面调查的方法,由普查员对所有普查对象进行逐个查点和填报。全国共组织动员了普查员、普查指导员和各级普查机构的工作人员近 400 万人,登记了 2.3 亿农户、60 万个村级单位、4 万个乡级单位、200 多万个农业经营单位;组织 5 万多名工作人员对粮食、棉花等大宗农作物播种面积进行卫星遥感测量,完成了 10 多万景卫星遥感数据处理,实地调查了 11 万个样方和 2 万多个抽中普查区,实施了 2700 多架次整村无人机飞行测量,掌握了全国主要农作物种植空间分布,取得了全国各省(区、市)及种植大县主要农作物种植面积数据。

按照国际通行做法，国务院农业普查办公室组织了数据质量抽查，评估了普查数据质量。综合抽查结果显示，农业普查登记户的漏报率为0.19%，普查指标数据差异率0.40%。数据质量达到设计标准。

根据《全国农业普查条例》的有关规定，国务院农业普查办公室和国家统计局将分期发布普查公报，向社会公布普查的主要结果。

第三次全国农业普查共调查了31925个乡镇，其中乡11081个，镇20844个；596450个村，其中556264个村委会，40186个涉农居委会；317万个自然村；15万个2006年以后新建的农村居民定居点。

一、农业经营主体

2016年，全国共有204万个农业经营单位。2016年末，在工商部门注册的农民合作社总数179万个，其中，农业普查登记的以农业生产经营或服务为主的农民合作社91万个；20743万农业经营户，其中，398万规模农业经营户。全国共有31422万名农业生产经营人员。

二、农业机械拥有量

2016年末，全国共有拖拉机2690万台，耕整机513万台，旋耕机825万台，播种机652万台，水稻插秧机68万台，联合收获机114万台，机动脱粒机1031万台。

三、土地利用

2016年末，耕地面积134921千公顷，实际经营的林地面积（不含未纳入生态公益林补偿面积的生态林防护林）203046千公顷，实际经营的牧草地（草场）面积224388千公顷。

四、农村基础设施

2016年末，在乡镇地域范围内，有火车站的乡镇占8.6%，有码头的占7.7%，有高速公路出入口的占21.5%；99.3%的村通公路。全国99.7%的村通电，11.9%的村通天然气。25.1%的村有电子商务配送站点。91.3%的乡镇集中或部分集中供水，90.8%的乡镇生活垃圾集中或部分集中处理。73.9%的村生活垃圾集中处理或部分集中处理，17.4%的村生活污水集中处理或部分集中处理，53.5%的村完成或部分完成改厕。

五、农村基本公共服务

2016年末，96.8%的乡镇有图书馆、文化站，11.9%的乡镇有剧场、影剧院，16.6%的乡镇有体育场馆，70.6%的乡镇有公园及休闲健身广场。59.2%的村有体育健身场所。96.5%的乡镇有幼儿园、托儿所，98.0%的乡镇有小学；32.3%的村有幼儿园、托儿所。99.9%的乡镇有医疗卫生机构，98.4%的乡镇有执业（助理）医师，66.8%的乡镇有社会福利收养性单位。81.9%的村有卫生室。

六、农民生活条件

2016年末，99.5%的户拥有自己的住房，47.7%的户使用经过净化处理的自来水，36.2%的户使用水冲式卫生厕所。

启示：农业普查是一项重大国情、国力调查，它是按照国家规定的统一方法、统一时间、统一表式和统一内容，主要采取普查人员直接到户、到单位访问登记的办法，全面收集农村、农业和农民有关情况，为研究制定农村经济社会发展规划和新农村建设政策提供依据，为农业生产经营者和社会公众提供统计信息服务。

> **重点导读**
>
> 农村社会经济调查是调查者通过对农村经济现象或事件进行考察,以此来分析和揭示农村经济现象中的规律的活动。不同类型的社会经济现象对调查工作的具体要求也不相同。因此,事先确定调查类型,对于整个调查过程的进展顺利有着十分重要的作用。

第一节 根据调查组织实施主体不同划分调查类型

根据调查组织实施的主体不同,调查分为行政调查和民间调查。

一、行政调查

1. 行政调查的概念

行政调查是具有国家行政管理职权的职能部门对我国的国民经济和社会发展情况进行的调查,调查结果一般是反映我国的国情、国力和社会发展情况,其目的是为国家和各地方、各部门党政领导进行宏观决策和管理提供依据,并定期向社会公布,以满足社会各界对宏观统计信息的需要。它是行政机关不可或缺的一项职能,广泛应用于行政机关的各种管理活动中。行政调查主要包括由国家和各级政府部门所进行的人口调查、资源调查、行业调查、社会概况调查等。

2. 行政调查的特点

(1) 宏观性和概况性　行政调查多为宏观性与概况性的。例如,全国人口普查。这类调查对了解一个国家、一个地区或一个行业的基本情况有很重要的意义。这种调查方式一般由国家制定统一的统计标准,保障调查采用的指标含义、计算方法、分类目录、调查表式和统计编码等的标准化。国家统计标准由国家统计局制定,或者由国家统计局和国务院标准化主管部门共同制定,部门统计标准不得与国家统计标准相抵触。

(2) 强制性和义务性　行政调查具有强制性和义务性。行政调查包含国家调查、部门调查和地方调查。按照《中华人民共和国统计法》第七条规定，我国所有的政府调查，都是义务性调查，具有强制性和义务性。

（3）附属性　行政调查的附属性是指行政调查行为本身只是一种手段，并不是最终的目的。行政调查往往附着于一个独立的行政决定之上，行政主体实施调查行为旨在查清相关的真相，从而为最终做出行政决定奠定事实基础。从这个意义上来讲，行政调查明显区别于作为一种独立行为存在的行政检查，以及行政主体所实施的纯粹的资料收集活动。

（4）程序性　行政调查的程序性是指行政调查行为存在于行政程序的发展过程之中，是行政程序的一个特定阶段。行政调查行为本身也是由一系列的程序要素所构成的。因此，行政主体只有在行政程序进行的过程中才能实施调查行为，而行政程序终止之后的任何形式的"补充"调查行为都是不被允许的。

二、民间调查

1. 民间调查的概念

民间调查是指除国家调查、部门调查、地方调查以外的社会调查。民间调查是由企事业单位、社会团体或非法人单位及个人以自己的名义或接受委托进行的调查。也就是说，民间调查是由不具有行政管理职能的其他组织和个人所组织进行的调查。

民间调查是对社会现象进行的调查，包括社会调查、经济调查两部分。社会部分一般包括对人类社会的政治、法律、道德、文化、体育、卫生等现象进行的调查；经济部分一般包括对人类社会的生产、分配、流通、消费等现象进行的调查。我国现今的民间调查，大部分是对经济和市场状况的调查，对社会部分的调查项目还比较少。随着我国社会政治、经济的发展和改革开放的不断扩大，随着人们对政治生活环境要求的不断提高，社会部分的调查项目会越来越多。民间调查是面向社会进行的调查。民间调查的对象或服务的主体与进行民间调查活动的机构之间的关系是平等的民事主体关系。如果不是对平等的民事权利主体进行的调查就不是民间调查，如企事业单位内部的调查。

2. 民间调查的特点

民间调查的规模一般是比较小的，调查结果往往是微观的，一般是为企事业单位、社会团体的生产经营服务或科学研究提供依据。大多数民间调查是以牟取利益为目的的，民间调查项目是由调查者或委托者根据自己的需要确定的，民间调查所使用的调查表是由民间调查的调查者或委托者设计制作的，调查经费也是由民间调查的调查者或委托者自己承担的。

(1) 自愿性 政府调查是一种强制性的调查，它是由国家授权进行的，公民和法人有接受调查的义务。民间调查是民事行为，民间调查机构作为民事法律关系的主体，与其他民事法律关系主体（包括被调查者、委托调查者、资料所有者、资料使用者等）产生的民事法律关系是处于民事法律的自愿、平等原则基础上的，因此民间调查是自愿性调查。民间调查的自愿性包括以下两方面含义。

一是对于被调查者而言，是否接受民间调查是自愿性的、非义务性的，是否对民间调查的调查表进行填报也是自愿性的、非义务性的。这就要求民间调查机构在对被调查者进行调查时，不得进行强制性调查，不得隐瞒调查目的，不得对被调查者有所损害。

二是对于调查者而言，只要不违反国家的法律、法规和有关的规章，就可以根据调查者或委托者的意愿进行调查，民间调查结果的所有者可以根据自己的意愿使用、转让和买卖民间调查结果。民间调查行为本身属于民事行为，在接受国家统计行政管理部门管理的同时，还要受民事法律约束。在向社会公布民间调查结果之前必须经政府统计部门审批，不得随意进行。

(2) 时效性 由于民间调查是建立在市场经济体制下的，一般是以追求利益为目的，所以民间调查较政府调查，时效性更为明显和突出，主要表现为快速、灵活。与政府调查一样，及时性也是民间调查的基本原则。民间调查较政府调查来说，一般反映的是社会经济的具体运行状况，主要是为微观经济主体和社会研究主体服务的。社会经济的具体运行状况一般变化较快，形式各异，而服务的主体要求也比较急迫，因此决定了民间调查必须快速、灵活。同时，民间调查项目一般规模较小、内容单一、操作简便，这就有利于民间调查机构能及时、灵活地组织和调整调查项目，快速地反映社会政治、经济的运行情况。

3. 民间调查的作用

(1) 民间调查弥补了政府统计的不足 我国实行改革开放以来，随着社会的进步和经济的发展，人们对社会经济发展运行的微观信息的要求越来越多、越来越高。民间调查以其快速、灵活的方法，为社会提供大量的统计信息。这些统计信息是政府统计无法涉及或政府统计因统计力量的不足而暂时顾及不到的，因此民间调查起到了拾遗补缺的作用。

(2) 民间调查的普及提高了公民、社会的统计知识和统计意识 民间调查项目一般是微观的，调查结果与人们的政治、经济、文化生活关系更加密切，相对于政府调查而言，是更直接地面对某一具体的公民或单位进行，调查项目往往也是公民或单位感兴趣的，公民或单位的参与程度更加广泛。另外，民间调查是在完全公开、平等、竞争的环境下进行的。通过民间调查活动，人们直接与调查相接触，直接成为被调查者，直接感受和体会调查过程，并直接接受和使用调查结果，对统计有了更加深刻的认识，所以民间调查的社会影响力是十分广泛的，能够起到提高公民、社会的统计知识和统计意识的作用。

4. 民间调查中应注意的事项

① 从事民间调查活动，应当合法、科学、客观、公正。

② 民间调查机构应当维护委托者的合法权益。委托者与民间调查机构之间应当根据等价有偿的原则签订委托调查合同。

③ 民间调查机构对委托者的不正当的、非法的要求应予拒绝。

④ 民间调查机构和调查人员不得冒充政府统计机构和政府统计人员进行调查活动。

⑤ 任何单位和个人不得利用民间调查窃取国家秘密，不得损害国家的安全和利益。

⑥ 任何单位和个人不得利用民间调查损害社会公共利益，进行欺诈活动。

⑦ 依据《中华人民共和国统计法》规定，属于国家调查部门和地方调查范围之内的调查项目，民间调查机构和个人不得进行调查。

⑧ 任何单位和个人对在民间调查活动中知悉的被调查者的个人隐私和商业秘密，负有保密义务。

⑨ 调查结果的所有权按合同执行。合同中没有约定的，所有权归委托方。

第二节
根据调查对象涉及范围不同划分调查类型

根据调查对象涉及的范围不同，社会经济调查分为全面调查、抽样调查、典型调查和个案调查。

一、全面调查

1. 全面调查的概念和方式

全面调查是对全部研究对象进行的无一遗漏的调查，是最全面和最准确的一类调查，主要适用于掌握一定时期内某一区域社会经济的总体状况。一般来说，全面调查的规模往往非常大，属于宏观的调查，如全国范围的普查、全省普查、全市普查、全县普查或某一行业的普查等。

全面调查主要采用统计报表和专门调查两种形式。一种是由普查部门（通常是国家行政部门）制定普查表，由下级有关部门根据所掌握的资料进行填报。例如，国家统计局发布关于全国工农业总产值的数据，就是由涉及这一项目的每一个具体单位根据统一的报表填报汇总得来的。另一种是建立专门的普查机构，组织专门的调查员，制定专门的调查表，对总体中的每一个成员进行直接的调查登记。例如，全国人口普查、全国农业普查等采取的就是这种方式。

小知识 1

全国农业普查是一项重大国情、国力调查。世界大多数国家都以十年或五年为一个周期开展农业普查。农业普查在我国每十年进行一次。第一次全国农业普查现场登记工作在 1997 年进行；第二次全国农业普查现场登记工作从 2007 年 1 月 1 日开始；第三次全国农业普查现场登记工作从 2017 年 1 月 1 日开始。

小知识 2

全国人口普查由国家来制定统一的时间节点和统一的方法、项目、调查表，严格按照指令依法对全国现有人口进行普遍的、逐户逐人的全项调查登记。普查重点是了解各地人口发展变化、性别比例、出生性别比例等。全国人口普查属于国情调查，是当今世界各国广泛采用的搜集人口资料的一种最基本的科学方法，是提供全国人口数据的主要来源。我国现代意义的人口普查，是从 1949 年以后才开始的，分别在 1953 年、1964 年、1982 年、1990 年、2000 年、2010 年和 2020 年进行过七次全国人口普查。

2. 全面调查的特点

由于全面调查涉及的对象多、范围广，所以这一调查方式有下列特点。

（1）资料准确，适于了解总体的基本情况　普查资料是从总体的所有对象中收集的，它包括了各种不同的情况，对事物、现象的各个方面、各个层次都有所反映，十分全面。因此，它是了解国情、省情、市情和大规模总体概况的最基本的资料，是各级政府部门制定各种政策的重要依据，也是各种科学研究尤其是社会科学研究的重要参考资料。例如，全国农业普查是一项重大国情、国力调查。它是按照国家规定的统一方法、统一时间、统一表式和统一内容，主要采取普查人员访问登记的办法，全面收集农村、农业和农民的有关情况，为研究制定农村经济社会发展规划和新农村建设政策提供依据，为农业生产经营者和社会公众提供统计信息服务。它对我国全面建成小康社会、推进农业现代化、打赢脱贫攻坚战有十分重要的意义。

(2) 需要高度集中的组织和高度统一的安排　由于普查的地域范围一般很广，整个调查过程的时间相对较长，再加上参加调查的人员往往又很多，因此必须有一个高度集中的组织系统和协调部门，以保证调查工作的一致性和条理性。同时，对调查的时间、步骤、规划、内容等每一个细节都要做出统一明确的安排，以便普查能顺利进行，并保证调查结果的质量。

(3) 投入大量人力、物力、财力，调查时间周期相对较长　调查对象人数众多，并且他们的空间分布通常又十分宽广。一方面这使得普查的工作量大，无法在短期内把资料收集齐全并对大量数据进行处理，得出结果；另一方面，进行普查所需要的人力、物力和资金也要比其他调查方式多。普查只能由政府部门作为一项重要工作出面主持，组织专门的调查工作领导部门调拨专项经费，由各部门通力合作才能完成。

(4) 调查项目不宜多，只能了解某一方面的基本情况　在通常情况下，调查范围的大小、调查对象的多少，与调查项目的多少是呈反比关系的，它们互相制约，互相影响。如果范围较小，对象较少，则调查项目相对可以较多；反之，如果范围较大，对象较多，那么调查项目只能限制在一定的数目之内。

 小思考

> 农业普查、人口普查是否需要每年进行一次？

二、抽样调查

1. 抽样调查的概念

抽样调查是一种非全面调查，是从全部研究对象中随机抽取一部分作为样本进行调查，并通过样本结论推及总体状况的调查方式。与全面调查相比，抽样调查既可以节省时间和人力、物力、财力，时效性强，也可以比较准确地推断总体状况，代表性也较强。

在农村社会经济调研中，抽样调查得到广泛应用。农村社会经济抽样调查是按照随机原则抽取调查单位，用以推论农村总体情况的一种专门调查。目前，我国采用多阶段抽样方法，即以省为单位，实行省抽县、县抽乡、乡抽村、村抽农户或地块（或样本）的方式。在每一个抽样阶段采用有关标志排队，累计辅助标志编制抽样框，根据规定的抽样数目计算抽样距离，随机起点，对称等距抽样。在农作物产量抽样调查中，用前三年平均单产从低到高顺序排队，用前三年平均播种面积累计编制抽样框。农村住户调查用前三年每人平均分配收入从低到高顺序排队，前三年平均参加分配人口数累计编制抽样框，然后用抽样数目除以累计播种面积或累计分配人口数，计算抽样距离，随机起点，对称等距抽样。需要注意的是，应用抽样调查需要严格遵守抽样程序，否则会影响推断总体的准确性。

2. 抽样调查的方法

广义的抽样包括随机抽样和非随机抽样两大类。

（1）随机抽样　随机抽样又称概率抽样，是随机抽取研究对象组成样本的抽样。所谓随机抽取，就是总体内所有个体具有相同的机会入选样本，这样的样本称为随机样本。正因为随机抽样具有这一特点，所以实际生活中大部分抽样调查都是采用随机抽样的方法获取样本。常见的随机抽样的方式主要有简单随机抽样、系统抽样、分层抽样、整群抽样。

① 简单随机抽样，又称纯随机抽样或等概率随机抽样，即对总体单位不进行任何分组、划类或排队，仅按随机原则直接抽取样本。它是随机抽样中最简单易行、最基本的抽样法。简单随机抽样的优点是完全排除了主观因素的干扰，最符合随机原则，并且简单易行，只要总体能编号即可进行；缺点是只适用于总体单位数目不多的调查对象且抽样误差较大。

② 系统抽样，又称机械抽样或等距抽样，即将抽样单元按一定顺序排成一列、一行或一个圆圈，随机确定一个起点作为第一个样本单位，以后按相等的间隔抽取单位。系统抽样的优点是实施方便，第一个单位一经确定，其余应该抽取的单位也随之确定。采用系统抽样方法抽中的样本很均匀地分布在总体中，代表性极强，且抽样误差小于简单随机抽样。系统抽样的缺点是调查总体的单位不能太多，而且要有完整的登记资料，否则就难以进行。

③ 分层抽样，又称类型抽样或按比例抽样，是把总体（抽样单位全体）按研究主要指标分成各个层次和各个组别，再按随机抽样原则从各层次和各组别中抽选适当数量个体（抽样单位）进行调查统计的方法。分层抽样常用于经济现象的调查，对比较分析研究、提供定量统计的数据和事例具有普遍的实用意义。

分层抽样的优点：一是提高了样本的代表性。由于分层，可以将差别大的单位分开，使样本的分布更接近于总体的分布，同时可以根据实际情况适当考虑各层的抽取比例，因而分层抽样可提高样本的代表性。二是减少了抽样误差。分层抽样最适合于总体单位多、且各单位间差异较大的调查研究对象。

分层抽样的缺点：必须对总体中各单位的基本情况有较深的了解，否则无法进行科学的分类，也就无法进行科学的抽样。

 小思考

> 在一个有1000人口的村庄中，拟抽取300人进行调查，请设计一个分层抽样方案。

④ 整群抽样，亦称聚类抽样或成团抽样，它是根据某种标准把总体分成若干群组，再根据随机抽样的原则直接从统计总体中抽取若干个群组作为样本，再对被抽选出的各个群组进行全面调查的方法。在实际的农村经济调查工作中，整群抽样可以多次进行。例如，调查者可以把全国按省、自治区、直辖市分群，抽取其中4个省为样本省，再在4个省内按市、县分群，随机抽取市、县作为样本，这样继续下去，群可以小到自然村或劳动小组。整群抽样的优点是只需给群（或集体）编号，编号和抽选都比较省事，而且样本单位相对集中，调查比较方便，可以节省人力、物力和财力。整群抽样的缺点是样本只能集中在若干群中，而不能均匀分布在总体各个部分，因此，在抽样单位数目相同的情况下，它的准确性相对于其他抽样方法较差，代表性也相对不高。

(2) 非随机抽样　非随机抽样又叫非概率抽样，它是根据调查者个人的方便，以及个人的主观经验、设想来有选择地抽取样本并进行调查。随机抽样虽然可由样本推论总体，然而在有些情况下总体很难确定，严格的随机抽样往往很难进行；在另一些情况下，调查者的主要目的只是想初步了解一下调查对象的有关情况，以便为建立研究假设或进行大规模的正式调查作探索。非随机抽样方式主要有主观抽样、偶遇抽样、定额抽样等。

① 主观抽样，也称判断抽样，是根据调查者的主观判断来抽选样本的一种非随机抽样方法。判断抽样的优点是节约费用，如果选得准确则可得到准确的结果。它一般适用于大规模抽样调查之前的探索性调查或总体范围较小的调查。当总体范围较小时，判断抽样调查结果的准确度并不低于随机抽样调查。

② 偶遇抽样，也称任意抽样、自然抽样或方便抽样，就是按调查者的方便任意选取样本的一种非随机抽样方法。"街头拦人"法为其中的一种，即在街头、路口、车站、码头等处拦住过往行人进行调查。电视台、电台和报社的记者常用这种方法迅速了解公众对某些刚刚发生的重大事件的反应。任意抽样法的优点是简便易行，节约调查费用，同时获得调查结果的速度快，一般用于探索性研究；缺点是样本随意性大，代表性差，有很大的偶然性，且无法计算调查结果的可靠性。

③ 定额抽样，又称配额抽样，是根据一定标准把总体划分为若干类型，在各类型中分配样本数目，然后由调查者在额度内任意抽取样本的一种非随机抽样方法。定额抽样法具有较大的代表性和较强的客观性，但工作量比起前两种方法会大些。

3. 抽样调查法的优点

① 能保证样本均匀分布和抽样总体平均数接近全体总体平均数。

② 用累计辅助标志计算抽样距离，分组分层抽样，含有加权意义，且能缩小方差。
③ 可以抽出多套调查网点，进行分析比较，选择最佳样本。
④ 能满足各种工作、计划、管理对调查资料的需要，使调查工作既集中统一，又能较好地发挥各级人员的主动性和积极性。

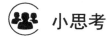 小思考

在样本框中每隔一定距离抽选一个受访者，这种抽样方式被称为整群抽样，对吗?

三、典型调查

1. 典型调查的概念

典型调查是根据调查目的，在对研究对象总体进行全面分析的基础上，有意识地从中选取若干个总体单位进行系统周密的调查研究的一种非全面调查。典型调查选择有代表性的点进行调查，其特点是运用共性寓于个性之中的道理，通过深入解剖"麻雀"，以少量典型来概括或反映全局，发现带有普遍性的东西。这种调查方法适用于对新情况、新问题的调研。

调查研究的价值，在于真正从典型实践中归结出一般性结论和规律，以指导工作。这就要求我们在调研工作中把一个个具体的案例研究透、分析明白，以此作为掌握情况和做出决策的参考依据。

2. 典型调查的特点

① 典型调查主要是定性调查。典型调查主要依靠调查者深入基层进行调查，对调查对象直接剖析，取得第一手资料，能够透过事物的现象发现事物的本质和发展规律。它是一种定性研究，难以进行定量研究。

② 典型调查是根据调查者的主观判断，选择少数具有代表性的单位进行调查。因此，调查者对调查单位的了解情况、思想水平和判断能力对选择代表性的典型起着决定作用。

③ 典型调查是面对面的直接调查。它主要依靠调查者深入基层与调查对象直接接触与剖析，因此，对现象的内部机制和变化过程往往了解得比较清楚，资料比较全面、系统。

④ 典型调查方便、灵活，可以节省时间、人力和经费。典型调查的对象少，调查时间快，反映情况快，调查内容系统周密，了解问题深，使用调查工具不多，运用起来灵活方便。

3. 采用典型调查法时需注意的问题

(1) 正确地选择典型　根据调查的目的，在对事物和现象的总体情况初步了解的基础上，综合分析，对比研究，从事物的总体和相互联系中分析有关现象及其发展趋势，选出典型。典型可分为三种：先进典型、中间典型和后进典型。当研究目的是探索事物发展的一般规律或了解一般情况时，应选择中间典型；当研究目的是要总结和推广先进经验时，就应选取先进典型；当研究目的是为了帮助后进单位总结经验时，就应选择后进典型。

(2) 注意点与面的结合　典型虽然是同类事物中具有代表性的部分或单位，但毕竟是普遍中的特殊，一般中的个别。因此，对于典型的情况及调查结论，要注意哪些属于特殊情况，哪些可以代表一般情况。要慎重对待调查结论，对于其适用范围要做出说明，特别是对于要推广的典型经验，必须考察、分析其是否具备条件，条件是否成熟，切忌"一刀切"。

(3) 定性分析与定量分析结合　进行典型调查时，不仅要通过定性分析，找出事物的本质和发展规律，而且要借助定量分析，从量上对调查对象的各个方面进行分析，以提高分析的科学性和准确性。

 中央农办、农业农村部发布乡村治理典型案例

乡村治理是国家治理的基石。加强和改进乡村治理，是实现乡村全面振兴、推进国家治理体系和治理能力现代化、巩固党在农村的执政基础、满足农民群众美好生活需要的必然要求。

我国农村正处于从传统社会向现代社会的转变之中，城乡关系深刻调整，乡村社会加快分化转型，村庄治理结构、规则、秩序持续变化，乡村治理面临着许多需要破解的挑战和难题。中央农办、农业农村部面向全国征集遴选了一批典型案例，这批案例形式各样、特色鲜明，在乡村治理的重要领域和关键环节形成了可复制、可推广的经验做法。

这些案例中，有北京市平谷区的"一声哨响，吹出乡村治理良方"；天津市北辰区的走好全域网格"五步诀"、打造乡村治理新格局；河北省河间市的破除婚丧陋习、建设文明乡风；山西省长子县的多元调解带来乡村治理的"四降两升"；内蒙古自治区伊金霍洛旗的"四权四制三把关"激发村民自治活力；黑龙江省桦南县的突出"六化"目标、健全"六大"体系；上海市崇明区的"叶脉工程"精准把"脉"治理问题；江苏省南通市海门区的"四民工作 1+1"助推乡村治理；浙江省宁波市鄞州区的基层公权力"三清单"运行法撬动乡村治理；浙江省温岭市的强化党建引领、创新网格治理;浙江省桐乡市乌镇镇的"乌镇管家"赋能乡村治理;安徽省宁国市的走村不漏户、户户见干部;山东省荣成市的放大信用建设先行优势、开辟乡村治理全新路径;河南省新密市的"一村一警"构建稳定祥和新农村;广西壮族自治区蒙山县坝头村的构建"一站两网"筑牢监督之基;宁夏回族自治区固原市的"小积分"积出乡村新风尚等。

通过这些乡村治理经验的总结和宣传,充分发挥了典型经验的示范带动作用,推动了乡村治理各项任务在基层落实落地,提升了乡村治理体系和治理能力现代化水平。

启示:总结推广典型案例,是落实 2020 年中央一号文件关于"推广乡村治理创新性典型案例经验"的具体举措,也是典型引领、推进工作的一种方法。此方法今后将进一步推动各地积极探索,勇于实践,继续研究和总结各地的典型做法。我们可以上网查找中央农办、农业农村部发布的乡村治理典型案例,从中找出适合自己所在地区的乡村治理措施和方法。

四、个案调查

1. 个案调查的概念

个案调查法是针对单一个体在某种情境下的特殊事件,广泛系统地收集有关资料,从而进行系统的分析、解释、推理的过程。狭义的个案调查法是指对单一特定的人、事、物所做的描述、分析及报告的方法。广义的个案调查法则可界定为采用各种方法,收集与研究问题相关的资料,对单一个体或一个单位团体作深入细致研究的过程。

个案调查的目的不是用少量的单位来概括或反映总体的状况。村庄社会被看作是中国社会的缩影,通过研究某个村庄的案例,可以在一定程度上认识中国,把握中国社会的根本特征,探寻中国进步和变革之路。随着现代化的推进,中国工业化、城市化水平的提高,城乡分化越来越明显,研究村庄个案的目的是发现中国农村的普遍规律,认识城乡关系,缩小城乡差别,促进城市(镇)化、非农化、工业化。

2. 个案调查的适用范围

当研究者想深入调查一个问题,对现实生活情境中复杂、微妙的情况做出解释时,个案研究法是最有效的。

3. 个案调查的基本步骤

(1)确定问题性质 在实施个案调查时应先察觉问题的特殊表现是什么并加以确认及

界定。有时候问题性质并不像表面所显示的那么明显易察,因此确认问题性质时,研究者应该先确认偏差行为的存在,并依据该行为出现的频率及严重程度来确定问题性质。

(2) 把握问题关键　必须从问题的性质中收集相关资料,再加以核对、评估、分析,确定问题的关键。

(3) 了解问题背景　个案问题的发生有其独特的背景和缘由,实际问题的状况与理论上或理想上的普遍情况不尽相同。研究者必须通过各种渠道了解问题发生的过程、条件、内在动机和社会环境等外在因素。

(4) 提出解决方案　为了解决问题,研究者可以根据过去处理类似问题的经验及方法提出处理意见,也可以用独特的创新方式提出解决问题的方案。

(5) 付诸行动检验结果　解决问题的方法会有许多,这些方法中哪些具有实效则要在行动过程中加以检验。当解决问题的方法无效或出现新问题时,可以回到前一步骤,重新探究解决问题的方法。依此不断地循环重复,直至问题最终解决。

(6) 形成最佳决策　研究者在比较各种结果的基础上,选择解决问题效果最好的方法,形成最佳的研究决策。

4. 个案调查的局限性

一是分析方法难以标准化,容易做出主观的、不精确的结论;二是无法保证个案的代表性,因此难以从个案调查中导出普遍规律;三是时间花费较多,为了弄清个案的来龙去脉,特别是要搞清一些细枝末节,往往要耗费大量的调查时间。所以,个案调查法在社会调查中常作为其他方法的辅助方法来配合使用。

 小思考

你认为个案调查适用于定性分析还是定量分析?

第三节

根据调查的作用和目的不同划分调查类型

根据调查的作用和目的不同,社会经济调查分为探索性调查、描述性调查和解释性调查。

一、探索性调查

1. 探索性调查的概念

探索性调查一般是在调研专题的内容与性质不太明确时，为了了解问题的性质、确定调研的方向与范围而进行的初步资料的调查。通过这种调研，可以了解情况，发现问题，从而得到关于调研项目的某些假定或新设想，以供进一步调查研究使用。

2. 探索性调查的优势

探索性调查是为了界定问题的性质以及更好地理解问题而进行的小规模的调研活动。探索性调查特别有助于把一个大而模糊的问题表达为小而精确的子问题以使问题更明确，并识别出需要进一步调研的信息（通常以具体的假设形式出现）。一般来讲，通过探索性调查，调查者可以形成关于调查对象的某些特征或问题的感性认知，可以确定对所要调查的现象或问题进行下一步深入调查研究的可能性、方向性和方法性等几个关键点。因此，在某种意义上探索性调查是一种先导性的调研类型。

3. 探索性调查的适用范围

探索性调查对象的规模通常比较小，探索性调查所搜集的资料一般不用进行部分推断总体的推论性研究，也不用来检验某种理论假设，而主要用来"探测"某类现象或问题的基本范围、内容或特征。

进行探索性调查最经济、最快速的方法是通过二手资料来调查。二手资料就是那些可以从现有资料中获取的资料，如人口统计资料、公开发布的调查等都是二手资料。小组座谈也是探索性调查的一种十分有效的方法。在小组座谈中，被调查者坐在一起讨论调查者感兴趣的课题，调查者把调查到的情况同调研的具体问题进行比较，从中搜集有助于决策的信息。

二、描述性调查

1. 描述性调查的概念

描述性调查是对调查对象的客观情况如实地加以描述和反映，从中找出各种因素的内在联系，即回答"是什么"的问题。例如，农村人口普查、农作物产量调查、农民生活状况调查等都是描述性调查，它的意图在于描述农村经济社会已发生的现象。描述性调查的特点是着重于客观事实的静态描述，通过对调查的情况描述寻找解决问题的答案。

描述性调查的目的是描述某个有关群体的特征；估计某个群体中某种行为方式的发生

比例；根据调查结果进行预测。

2. 描述性调查的方法

描述性调查通常需要采取严格的随机抽样方法来选择研究对象，描述性调查中主要以封闭式问题为主，以自填、邮寄或结构式访谈等方式进行问卷调查，从而收集资料。所得的资料必须经过统计处理，得出以数量形式为主的各种结果，并要将这些结果和结论推论到总体中去。

3. 描述性调查中应注意的问题

调查人员在描述调查研究对象的时候，需要注意准确性和概括性两个方面的特点。准确性意味着描述能够准确反映调查研究对象的实质，概括性意味着提纲挈领地描述关于调查研究对象的主要方面或主要特征。

三、解释性调查

1. 解释性调查的概念

解释性调查是指用于发现和说明社会现象或社会问题的原因，揭示社会现象之间关系的社会调查。它在对农村经济现象做出描述的基础上，进一步对现象产生的原因和过程做出解释或说明，它主要回答"为什么"的问题。例如，在进行农村贫困问题调查时，不仅要说明贫困问题，还要进一步研究产生贫困的原因，并进一步寻找解决贫困问题的途径和方法。

2. 解释性调查的作用

解释性调查的目的，一是回答已经发生的社会现象为什么会发生和如何发生的问题，二是对已经发生的社会现象在何种条件下将导致另一社会现象的发生进行可能性预测。解释性调查在研究方案的设计上，具有系统性和周密性。解释性调查的方案设计通常是从理论假设出发，深入实地，收集经验材料，并通过对资料的分析来检验假设，最后达到对社会现象或问题进行理论解释的目的。

解释性研究在社会研究中占有相当重要的地位，是一种比探索性研究和描述性研究更深层的研究类型，也是社会学理论研究的一种主要形式。

四、三种调查方式的关系

上述三种类型的调查方式不是绝对独立进行的。有些调研项目需要涉及一种以上研究类型的方案设计，例如在以解释性调查为目的的社会问题研究中，为了使调研设计更加符合实际情况、更好地达到目标，可以在实地调研之前有针对性地进行探索性调查。

第四节
根据调查资料所属时间不同划分调查类型

从调查研究数据收集的时间维度上看，农村社会经济调查研究可以分为横剖式调查、纵贯式调查和混合式调查。

一、横剖式调查

1. 横剖式调查的概念

横剖式调查指的是在某一时点上，对社会现象或事物"横截面"所进行的调查。它可以把握调查对象在一定时空范围内的基本结构状况及特征。横剖式调查有助于分析和比较属于不同群体、不同阶层，或具有不同性别、不同年龄、不同职业和不同文化程度等特征的调查对象在一定时空范围内的分布状况和特征。

典型的横剖式调查是人口普查，它是在同一时点对人口状况作"横截面"研究。但一般性的横剖式调查却不能如此严格地规定在某一天的某时进行，而是在比较短的一段时间内，如一周、一个月内进行。

2. 横剖式调查的优点

横剖式调查的优点在于能迅速、全面地了解事物各个部分的现实情况，了解所研究的事物或现象的要素、成分、结构特征及各种比例关系。其调查的面较大，调查资料的格式较统一，标准化程度较高，资料都是在同一时间收集的，未受到时间变化的影响，因而可供比较分析。

3. 横剖式调查的缺点

横剖式调查的缺点是往往只能搜集和分析被调查对象在某一特定时期中的资料，难以深究事物发展变化的原因和趋势。由于调查时间较短、调查内容较少，因此收集的资料缺乏深度和广度，无法对社会现象的产生、发展过程，以及人们的行为动机作深入的分析。

二、纵贯式调查

1. 纵贯式调查的概念

纵贯式调查是指在较长时期的不同时点收集资料,并对社会现象作纵向研究,它是对某一段较长时间内的社会现象的历史演化过程进行的调查,主要在于了解现象的历史过程,并从中找到规律。

2. 纵贯式调查的具体类型

(1) 趋势研究 趋势研究一般是对较大规模的调查对象总体随时间推移而发生的变化的研究,是站在现在对某现象的过去、现在与未来进行研究。

(2) 同期群研究 同期群研究是对在某一时期具有同一特征的人群随时间的推移而发生的变化的研究,是对某现象(事物或人)进行连续不断的研究,一般定期进行。

(3) 追踪研究 追踪研究是对同一批现象随时间推移而发生的变化的研究,是对某种现象的表现进行定期或不定期的研究。

(4) 回溯研究 回溯研究是在调查中要求被调查者回想他们过去的态度或行为是怎样的,而现在又产生了哪些变化。回溯研究从目的上与追踪研究相同,但不同的是它只做一次研究,让被调查者回忆以前的事情或情况,再进行研究。

3. 纵贯式调查的优点

纵贯式调查能够了解事物的变化过程,能够对社会现象作动态分析,并通过这种分析发现现象之间的联系。由于能够掌握现象之间或现象变化的时间顺序,因而也能确定出各种因素的因果联系。

4. 纵贯式调查的缺点

纵贯式调查比较费时、费力,需要较多的经费,调查范围一般较小,调查结论的概括性程度不高,尤其是追踪调查。

三、混合式调查

混合式调查,又称为时间序列截面数据调查。横剖式调查和纵贯式调查所获取的数据都是一维的,而混合式调查所获取的数据是二维的。从截向上看,混合数据包含了若干个截面个体的数据;从纵向上看,混合数据也包含了每个个体在时间层面上的数据。

混合式调查获取数据的方法是未来对社会经济进行深入分析的更好方法,相对于横剖式调查和纵贯式调查而言,混合式调查获取资料的难度更大。就分析方法而言,混合式调查的分析方法更为复杂。当然，随着社会经济的发展，各种混合数据越来越多，同时伴随着计算机技术、统计学、计量经济学的发展，人们采用混合数据进行研究的情况也越来越多。

第五节
几种主要的农村社会经济专题调查

一、农民家庭调查

家庭是组成农村社会的基本单元，也是农民经济和社会行为决策的基本出发点。农民家庭是指农村中以血缘和婚姻关系为基础组成的农村最基层的社会单位。农民家庭是一个独立的生产单位，又是一个独立的生活单位。农民家庭调查是指农村社会调查者通过对农民家庭的生产、收入、支出、消费，以及家庭关系、家庭结构、家庭教育、家庭职能、家庭婚姻等方面的了解，认识农民家庭的现状和存在的问题，并提出解决问题对策的一种农村专题调查。

1. 农民家庭调查的概念

农民家庭调查通常是对某一时期、某一社区或某一社会群体的社会生活状况所进行的调查，它的着眼点主要放在了解人们日常社会生活各个方面的基本状况，以综合地反映一个时期、一个地区或一个群体中人们的社会生活状况。

在对农民家庭调查中，入户调查是尤为重要的一个环节。入户调查能使调查者了解农业农村新现象，发现新问题，掌握新方法，同时也能切实感受到农业方面政策的执行力度和执行效果。尤其是对于一些重点对象，如种粮大户、合作组织带头人等，采取逐门逐户的个案调查，能够在短时间内获得全面细致的有用信息。当然，社会调查能否成功，很大程度上取决于调查者的态度是否诚恳、与群众的关系如何，因为社会调查不仅只是一项科学研究，还含有群众工作的内容。这就要求调查者要注意方式和方法，要有技巧和艺术。

2. 农民家庭调查的主要内容

（1）农民家庭基本情况调查　农民家庭基本情况调查包括：农民家庭生产的基本条件、

生活居住条件、家庭人口数、人口的构成、劳动力情况、受教育程度等；农民家庭生产经营情况及其成果，主要调查农户经营的生产项目、种类、规模和生产经营的效果等；农民家庭收入情况；农民家庭支出情况，主要包括农民家庭的生活性消费支出和生产性消费支出等；农民家庭实物消费量，主要包括吃、穿、住、用、烧等方面的生活消费品的实物消费数量；农民家庭主要耐用品年末拥有量。

（2）农民家庭结构调查　农民家庭结构是指农村家庭成员的构成或模式。其调查的主要内容有：农民家庭的代际结构，主要调查内容有核心家庭、主干家庭、联合家庭和特殊家庭等；农村家庭的权力结构，可依据家庭里掌权者的角色不同而分成丈夫做主、妻子做主、夫妻协商等类型；农民家庭的经济结构；农民家庭的文化、教育结构。

（3）农村婚姻情况调查　农村婚姻情况调查包括：农村婚姻质量；农村婚姻的完婚途径，主要调查婚姻登记以前男女双方接触的途径，如自由恋爱、经人介绍、父母包办等；农村婚龄，主要是对男女双方的初婚年龄、再婚年龄等进行调查。

（4）农民家庭功能调查　农民家庭功能是指农村家庭在农村社会生活中所起的功能。主要调查以下内容：生育功能、经济功能、婚姻生活功能、抚育和赡养功能、教育功能、精神生活功能。

二、农村经济调查

经济活动是人类最基本的活动，一切工作都以经济建设为中心。要了解农村中各种经济关系和经济活动，就要进行农村经济调查。因此，农村经济调查是认识农村经济现状的基本出发点。

1. 农村经济调查的概念

农村经济调查是指农村社会调查者通过对农村中的各种经济关系和经济活动的考察和了解，认识农村经济的现状和存在的问题，分析存在问题的原因，并提出解决问题的对策的一种农村专题调查。

2. 农村经济调查的主要内容

（1）农村生产调查

① 农业生产结构调查。农业生产结构是指农业内部各生产部门及其各生产项目的组成和比重。农业生产结构是由多部门和多类别组成的一个多层次复合体。从部门来看，一般可分为农（种植业）、林、牧、副、渔各业。

② 农村商品生产调查。农村商品生产调查主要有两方面内容。一是农村商品生产状况

调查，主要有农村商品量和商品率，以及商品生产的经济效果；二是调查影响商品生产的因素，主要包括农业生产专业化程度、农业劳动生产率、农村交通运输状况、农村商品流通渠道、开发新资源发展加工业和贮存情况、农村通信联络情况等。

③ 农村经济政策调查。农村经济政策包括党和国家各级政府关于发展农村经济的各项指导方针、政策、法令、法规，以及农村经济发展战略、保护措施和具体的实施方案。农村经济政策调查主要是调查这些方针、政策在农村的贯彻落实情况，对农村经济发展的影响和作用，以及如何通过一系列经济法规来保障农村经济的迅速发展。

④ 农业资源调查。农业资源是指参与农业生产过程的物质要素，包括自然资源和社会经济资源。农业生产受自然和社会经济条件的深刻影响和制约，具有强烈的地域性和季节性。只有对农业资源进行周密的调查研究，才能更好地开发和利用当地的自然和社会经济资源，以最少的资源占用与消耗，获得最佳的经济效益。

农业自然资源是农业生产可以利用的自然环境，其调查的主要内容包括气候资源、土地资源、水资源和生物资源等方面，主要是调查这些因素的数量、质量、分布情况和历史演变过程。

农业社会经济资源是指直接或间接对农业生产产生作用的社会经济因素。其调查的主要内容有人口资源、劳动力资源、物质技术装备状况、交通运输条件、信息资源和管理资源等。

⑤ 农业生产经营效果调查。农业生产经营效果调查，一般是借助一系列的统计指标，反映农业生产单位的生产成果和生产经济效益。具体的调查指标有生产成果指标、资源利用程度指标、生产经济效益指标。

(2) 农村经济结构调查

① 经济组织结构调查。主要有对不同所有制形式的经济组织构成情况的调查，对在同一所有制形式中不同经济组织的组成情况的调查，以及对规模不同的经济组织的组成情况的调查等。

② 产业结构调查。主要是调查农村各个产业部门的构成情况以及同一产业部门内各类生产的构成情况。

③ 技术结构调查。主要是调查农村中各行、各业、各生产部门中各种技术构成情况。

④ 流通结构调查。主要是调查农村中不同所有制流通渠道的组成情况和不同流通方式的构成情况。

⑤ 分配结构调查。主要是调查农产品和其他形式的收入在社会和生产单位之间以及生产单位内部各成员之间的分配情况。

⑥ 消费结构调查。主要是调查农民生活消费中衣、食、住、行、文化、教育、医疗卫生等支出的构成情况，消费品中自给性部分与商品性消费的结构比例，以及生产消费与生活消费的比例关系等。

（3）农村社情民意调查　农村社情民意调查，就是通过科学严谨的调查和分析方法，了解农民群众的生存、生活、生产状态，认识农民群众对政府工作、决策、服务、绩效的评价。社情民意调查内容涉及政治、经济、社会、百姓生活、突发事件和干部绩效考核等多方面，调查结果是党和政府制定、修正有关政策不可或缺的参考依据。

在社情民意调查中，要注意做好跟踪调查。人类社会发展有其自身的规律，人们对规律的认识也不是一劳永逸的，而是具有螺旋式上升的特点。认识的反复性和无限性要求在实际工作中保持对研究对象的长期跟踪调查，时刻关注和把握规律的演变与发展。农村社会涉及面较大，农民生产生活内容很丰富，且处于变化之中。这就意味着调查者对农村的调查不可能一次或几次就能把问题弄清楚、搞透彻，需要多次才行，每一次重访调查地都会得到新的认识、新的思考和新的探索。只有通过长期地跟踪调研，才能得出短期内所得不到的规律和结论。

三、农村人口、教育调查

1. 农村人口调查

农村人口调查与全国性的人口普查不同，它是在全国人口普查的基础上，采用重点调查的方式对某一区域内农村人口进行的调查。

① 农村人口出生率调查，包括婴儿的出生和死亡情况调查；人口自然增长率调查；农村人口再生产调查；农村计划生育情况调查。

② 农村劳动力调查，包括农村劳动力的数量调查；农村劳动力的素质调查；农村劳动力的结构调查。

③ 农村人口质量调查，包括农村人口身体素质调查；农村人口文化素质调查；农村人口思想道德素质调查；影响农村人口质量因素调查。

2. 农村教育调查

农村教育调查是指农村社会调查者通过对农村各种教育组织的考察和了解，认识农村教育的现状和存在问题，分析存在问题的原因，并提出解决问题对策的一种农村专题调查。农村教育调查的主要内容包括以下几方面。

（1）农村义务教育调查

① 普通学校的基本情况调查，主要是调查在校学生人数、入学人数、学校分布状况、学校总数、教师人数等。

② 普通学校的教育质量调查，主要调查教师的教学质量、学生的学习成绩和升学率、学校的管理水平等。

③ 普通学校的基础设施调查，主要调查校舍、教室、桌椅、实验室、实验仪器、教材、教具、图书资料、体育器材等。

④ 普通学校的师资结构比例调查，主要调查教师的构成，师生之间、教学人员与其他工作人员之间，以及各级各类教师的需要量之间的结构比例关系。

⑤ 普通学校的教育经费调查，主要调查普通学校的教育事业费在国民经济中所占的比例，普通学校的教育事业费支出增长情况与国民经济增长情况的比例关系，在校学生人数的增长与教育经费增长的比例关系，每个学生的年平均教育费用，以及教育经费的合理分配和使用情况等。

（2）农村职业教育调查

① 农村职业教育的基本情况调查，主要包括对农村职业学校数、参加职业教育人数、专任教师人数等方面的调查。

② 农村职业教育的办学方式调查，主要包括对函授班、进修班、培训班，以及远距离视听教育和成人业余教育等多种办学方式的调查。

③ 农村职业教育的经济效益调查。

（3）农村专业教育调查

① 农村专业技术学校基本情况调查，主要调查农村中各类中等专业技术学校数、在校学生数、毕业生数、招生数、专任教师人数。

② 农村专业结构比例调查，主要是调查农村中具有专业特长的各类人员的比例构成。

③ 农村专业人员对口情况调查，目的是避免学非所用，浪费人才。

④ 农村专业教育发展计划调查。

（4）农村文盲调查　主要包括农村文盲数量的调查、农村文盲的构成状况调查，以及农村文盲产生和变化的原因调查。

四、农村科技推广调查

1. 农村科技推广调查的概念

农村科技推广调查是指农村社会调查者通过对农村科技推广机构、人员、成效等基本项的考察和了解，分析农村科技推广存在的主要问题，并提出解决问题的对策的一种农村专题调查。

2. 农村科技推广调查的主要内容

农村科技推广调查主要包括以下内容：农村科技推广机构的建立和健全情况调查；农村科技推广队伍的建设情况调查；农业科技推广网点的设置情况调查；农业新品种、新技术、新设备、新工艺等在农村的推广情况调查;农业科技成果推广普及所必需的资金和条件调查;农业科技推广的经济效益调查,即农业科技成果经推广使用后的增产效益与推广费用之比;农业适用技术推广情况调查;农业高技术推广情况调查;农村科技推广体制改革调查;农村科研政策调查;农村科技推广创新调查;农村科技推广改革效果调查等。

五、农村医疗卫生调查

1. 农村医疗卫生调查的概念

农村医疗卫生调查是指农村社会调查者通过对农村医院和医疗卫生保健机构的考察和了解,认识农村医疗卫生的基本现状和存在的问题,并提出解决问题对策的一种农村专题调查。

2. 农村医疗卫生调查的主要内容

① 农村医疗卫生保健设施调查,主要有农村医疗卫生保健机构数、农村预防保健机构数、床位数、农村医疗卫生保健设施的基本情况。

② 农村医疗卫生保健技术人员调查。

③ 农村预防措施调查,主要调查每年健康检查人员数、各种预防疫苗的接种人数、各种健康检查和各种预防措施的普及程度等。

④ 农村疾病调查,主要调查农村中常见病、地方病、职业病,以及因近亲结婚等因素引起的各种疾病。调查上述各种疾病的分布状况及特征,如各种疾病的地区分布,患者的性别、年龄、职业等。

本章小结

农村社会经济调查方法在整个农村调查研究活动中具有重要的作用。农村社会经济调查的类型很多,根据调查组织实施的主体不同,可分为行政调查和民间调查;从调查对象所涉及范围来分类,通常有全面调查、抽样调查、典型调查和个案调查等;根据调查的目的或作用,可以分为探索性调查、描述性调查和解释性调查;从调查研究数据收集的时间维度上看,可以分为横剖式调查、纵贯式调查和混合式调查等。每一种调查都各有特点,适用于不同的调查目的、条件和要求。不同类型的调查因为侧重点不同而在调查方式、方法、程序等方面有所不同。常见的农村社会经济专题调查主要有:农民家庭调查、农村经济调查、农村人口和教育调查、农村科技推广调查和农村医疗卫生调查。在农村社会经济调查实践中，不同的调查任务和调查课题都必须根据调查目的、调查需要进行有针对性的调查类型的选择，这是制定调查研究方案的重要环节。

思考与练习

1. 农村社会经济调查的类型可分为几种？它们各有什么特点？
2. 简要说明抽样调查法的必要性和可行性。
3. 什么是个案调查？简述典型调查和个案调查的不同之处。
4. 农村社会经济调查中主要进行哪些专题调查？

PPT 课件

第三章
农村社会经济调查的基本程序

学习目标

1. 熟悉农村社会经济调查的基本程序。
2. 明确农村社会经济调查的选题标准。
3. 掌握农村社会经济调查方案的设计方法。

思政与职业素养目标

遵守调查工作纪律，巩固对农村社会工作的责任感。

导入案例

第四次全国经济普查业务流程

经济普查是一项重大的国情、国力调查，与人口普查、农业普查组成三大周期性全国普查项目。2018 年，我国进行了第四次全国经济普查，调查内容是我国第二产业和第三产业的发展规模、布局、效益，资产负债状况和新兴产业发展情况等。调查对象是在我国境内从事第二产业和第三产业的全部法人单位、产业活动单位和个体经营户。

经济普查的业务流程主要包括：制定普查方案，普查区划分及绘图，普查指导员和普查员选聘及培训，编制清查底册，实施单位清查，登记准备，普查登记，普查数据检查、审核与验收，普查数据汇总，普查数据质量抽查，普查数据评估、共享与发布，普查资料开发，普查总结 13 个环节。

经济普查不是随机查、随便查，而是有章可循、依法办事。这个"章法"就是《全国经济普查条例》。因此，在经济普查工作中要遵守普查条例的规定，按照普查程序和流程，高质量地完成普查工作。

启示：社会经济调查有着一种比较固定的程序，这种固定的程序是社会经济调查自身所具有的内在逻辑结构的一种体现。

> **重点导读**

农村社会经济调查是人们认识农村经济现象的一种自觉活动，它的一般过程通常是指对农村经济问题进行调查的基本过程。

第一节
调查的一般程序

一般来说，农村社会经济调查包括调查前的准备、实地调查、资料的整理和分析、总结四个阶段。

一、调查前的准备阶段

准备阶段是整个调查过程的起始阶段，即"不打无准备的仗"。调查前的准备程度直接影响着调查的效果。准备阶段的任务为：调查课题的确定、调查方案设计、调查问卷设计，调查过程中人、财、物的准备和文献查阅等。确定调查课题是搞好农村经济调查的前提条件；而调查方案和调查问卷的设计是调查研究的必要条件；调查过程的人、财、物的准备和文献查阅则是调查研究的重要保证，包括人员的招募、培训和管理，以及经费的预算、调查前的物资准备、对调查地区的了解及接洽。准备阶段是调查的真正起点，特别是调查的整体方案设计。调查的整体方案应该以书面的形式，形成一份计划书，内容主要包括调查目的、调查对象及其范围、调查经费预算和进度安排说明，这些准备都需要一定的时间。

二、实地调查阶段

实地调查阶段是整个调查过程的执行阶段。调查情况直接影响资料收集的质量。这个阶段主要是开始全面广泛地收集与调研活动有关的信息资料。具体包括：在开始全面实地调查时，联系调查地区内的人员，初步了解调查地区的情况以便更好地开展工作；运用各种调查方法和技巧对资料进行搜集、整理，以免遗失或混乱；领导者或组织者要管理好自己的调查人员。

要顺利完成任务，必须自始至终做好外部工作，联系调查单位或组织。首先要提前联系相关组织或单位所在的调查地区，争取取得他们的支持和帮助，以便减少不必要的麻烦，提高调查效率。其次是密切联系被调查者，遵守保密的原则，让他们放心地告知实情，以取得较为真实可靠的资料。

利用正确的调查方法和技巧进行访问，这是获取第一手资料的关键。收集资料的方法很多，实地调查主要是运用访问法、观察法等，根据具体的情况运用适合的技巧，这就需要调查人员有足够的灵活性。农村社会经济调查有很多种不同的调查类型和调查方法，所以在搜集资料时，应注意合理使用科学的调查方法和技巧。在较远距离的实地调研中，要对所得的资料及时进行简单整理和分类，看是否有遗漏或是不完整的资料，若资料不完整要及时进行再次访问，以免过后难以补充。

管理好调查人员。在调查阶段，调查人员的工作最为分散，接触面最广，情况也比较复杂。所以在这一阶段，领导者首先应该组织好调查人员，做好分工，明确每个人的任务；其次是注意调查人员的实地训练和质量的控制，告知调查过程中的注意事项；最后是每隔一个时间周期对调查的成果进行总结。管理好调查人员是调查成功的关键，协调好内部人员，才能以较好的质量和较高的效率来完成整个搜集过程。

三、资料的整理和分析阶段

资料的整理和分析阶段是整个调查过程的升华阶段。调查人员将分工收集到的资料进行汇总、归纳和整理，对信息资料进行分类编号，然后进行初步的加工，最后计算出各种比例，以文字或图表的形式对调查对象进行研究，是从感性认识到理性认识的过程。其主要任务是检查和修正资料、输入和编排资料、统计和画图分析、理论研究等。

检查和修正调查资料，就是对已经收集上来的资料进行整理和核对，若出现不正确或是信息不全的情况，则要重新进行调查补充；输入和编排资料，就是运用计算机的有关软件录入数据；统计和画图分析，统计分析就是运用统计学原理和方法研究农村经济现象的数量关系，用统计和画图形或图表分析的方式来说明农村经济现象的情况，直观简单地表述出农村经济情况；理论研究，是运用多种逻辑思维方式来对资料进行分析，综合多门学科和理论对农村经济现象进行分析，说明其前因后果，揭示事物的本质和发展规律。

四、总结阶段

总结阶段是整个调查过程的最后阶段，其主要的任务是撰写调查报告和总结调查工作。这一阶段是不同社会调查成果的体现，报告的撰写是整个调查过程精华的凝缩，从调查的目的到调查研究成果，都要在报告中反映出来；调查工作的总结包括整个调查过程情况的总结，调查报告和调查结果的总结，以及整个调查过程中的经验和教训的总结，寻求改进调查工作的途径和方法，为今后更好地进行农村社会经济调查打下良好的基础。

农村社会经济调查包括以上四个阶段，每个阶段是相互联系、相互交错在一起的，它们共同构成农村社会经济调查的完整过程，缺少任何一个阶段整个调查过程都无法进行。这四个阶段与整个调研过程的关系是部分与整体的关系，每个阶段都是重要的，只有把各阶段的质量和效率都提高，发挥部分的作用，整个调查的过程才会顺利高效地完成。

第二节
确定调查课题

调查课题是指社会经济研究所涉及的某一现象或问题领域。在选择从事某项调查研究活动时，一般会先确定一个调查研究的领域，也就是调查课题，例如农村土地制度、农村精准扶贫、财政支农、农民收入、农民工流动等问题领域。这些调查课题的内容通常比较宽泛，包含着多个更小的研究问题。选择某个课题，意味着我们对某个领域的调查研究比较感兴趣，打算在这个领域深入进行调研活动。

一、确定调查课题的意义

调查课题的选择直接决定着社会经济问题研究的方向和水平。调查课题的选择，可以称作选题，实际上就是提出问题。对研究者来讲，"提出问题往往比解决一个问题更重要"，因为选题不仅是社会调查目的的集中体现，而且是调查者的指导思想、社会见解、学术创造力和学识水平的具体反映。选择合意的调查课题，是顺利开展农村社会调查研究工作的基础。

课题决定着调查研究方案的设计，从而直接决定了社会经济调查的全部过程。不同选题的调查内容、方法、对象和范围各不相同，从而调查人员的选择、调查队伍的组织、调查工作的安排也不相同。例如，农村居民家庭承包经营土地状况调查与农村基层民主建设情况调查，就是两个不同的调查课题，设计的调查方案也就完全不同，调查方法和过程也有极大的差别。前者以农村家庭单位为调查对象，主要调查农村居民家庭承包经营土地的面积、地块数量、承包期限、经营内容、产量高低等指标，可采用农户抽样调查、问卷调查、实地访问等方法，调查人员一般要经过较为专业的培训，调查时间不限。后者则是以农民或农村基层组织为调查对象，调查内容是关于农村基层民主建设的情况。农村基层民主建设的内容较为抽象，其调查指标可以是农村基层党组织数量、农民参与民主建设的程度等，调查可采用文献调查、访问调查等方法，调查时间和人员可不限。

二、选择调查课题的原则

选择一项调查课题需要考虑多种因素，一般应遵循需要、可行、适当、创新的原则。

需要原则是指调查应针对现代农村社会经济发展中迫切需要解决的理论和现实问题，或者虽然当前不是非常迫切，但是具有潜在的理论价值和应用价值的问题。当前，我国农村社会经济发展迅速，取得了伟大的成就，但是在统筹城乡发展、推动城乡一体化的进程中还有很多的问题需要研究和解决，因此应紧紧围绕"三农"，选择社会经济中需要加大研究力度、亟须解决的问题进行调查研究。

可行原则是指调查应该是能够进行的，能够依据调查者和调查对象的现实条件完成课题的调查研究工作。这里的条件主要有：能够投入调查所需的经费、人力和其他物质条件；能够得到社会各部门、被调查地区和单位的主管部门及调查对象的支持与协助；调查人员应具备必要的专业能力和实践经验等，并对课题有初步的了解和设想。只有这些条件均较成熟的课题，才是好的、有可能完成的调查课题。有些调查课题，尽管具有重要的现实意义或理论意义，但如果调查条件不成熟或不具备，那么此选题也不能被认为是恰当的选题。

适当原则是指调查课题所研究的内容与调查目标、调查力量等情况要相适应。如果调查目标是要解决一个比较小的问题，那么过于宽泛的调查内容只会造成资源浪费，即使资料丰富，对解决目标问题也是无用的，甚至是不利的，容易造成调查目标的偏离。此外，选题也要根据自身的实力，包括调查人员数量、调查经费多寡等情况进行确定，否则调查题目太大，超出调查力量所及范围，就无法完成调查工作。调查课题要与调查目的或者所要解决的实际问题相适应，要与研究力量和研究能力相适应。

创新原则是指调查课题应具有创新性和独特性，要能够提供新知识、新方法、新观点、新材料。只有那些包含一定新颖性、独特性、先进性的课题，才真正具有调查意义。

三、调查课题的初步探索

调查课题的初步探索是在正式调查之前进行的，一般是就选定的主题征询有关专家、学者和领导的意见，同时到调查地点进行初步考察，与相关人员座谈，以便了解调查任务、确定调查课题、明确调查内容、增加感性认识，为提出研究假设和制定调查方案奠定基础、指明方向、提供依据。

课题的初步探索研究一般采用查阅文献、咨询访问及实地考察的方法。

1. 查阅文献

一般是利用图书馆和资料室的检索工具，如查阅书刊目录、分类索引等，找出与调查课题有关的文章、论文、调查报告和书籍等。另外，也可以到调查地区、单位查找或借阅有关资料，如基层的统计资料、调查地区的历史材料、档案资料等。在摘录文献资料时，可使用卡片法、笔记法和复印法等。卡片法是将一段资料的主要内容摘录到一张卡片上，卡片上一定要注明资料的来源及分类的题目，以方便将来查找和使用。笔记法与卡片法相似，主要是将不同的资料记录在笔记本或活页纸上。复印法比较省时省力。但不管采用哪种方法，都一定要注明出处，包括作者、书名或刊物名、页码、出版社、出版时间等，以利于核对和引用。

2. 咨询访问

咨询访问指既要向理论造诣深厚的专家、教授请教，又要向具有丰富实践经验的实际工作者学习；既要向上级机关的领导请教，又要向基层的干部和群众学习。咨询访问的对象主要是熟悉这一课题领域的专家、研究人员及掌握第一手资料的知情人等。

3. 实地考察

实地考察要求直接接触调查对象，取得第一手资料。实地考察的人员不宜太多，但社会经济调查的领导者、组织者，特别是调查方案的设计者必须亲自参加。实地考察的对象和范围不宜太广，应尽可能选择具有代表性的地区或单位作为考察的重点，采用解剖"麻雀"的方法，进行比较深入的调查。通过实地考察，将提出的问题与研究解决问题的方案结合起来，以形成自己的研究假设及调查方案。

在实际调查活动中，以上三种方法往往是结合使用、交叉使用、轮换使用的。其中，实地考察具有特别重要的意义，是初步探索中不可缺少的最基本的方法。

 小思考

> 调查课题的初步探索不是正式调查，所以在事实上意义不大。这句话对吗？为什么？

四、提出研究假设

研究假设是研究者在已有的科学理论和经验事实的基础上，对所研究问题的规律或原因做出的一个或一系列富有逻辑的推测性论断，是可检验命题的具体表述。命题中的概念是对事物或现象的高度概括，是使用一个名词来描述特定且大家一致认可的表象、行为、观念等。命题中的概念可以是被直接或间接观察到的，如"农作物类型""天气条件""户主""性别"等；也可以是不能被直接或间接观察到，但是可以利用各种方法测量出来的，如"农民福利""农业效用""村干部声望""农民满意度""农民幸福指数"等。假设是命题的特殊形式。研究假设中的概念必须是具体的，是可观察、可测量、可操作的，因此假设中的概念通常被称为变量。也就是说，研究假设是表述待检验的变量间关系的论断。变量是具有一个以上不同取值的概念。只有一个固定不变的取值的概念，被称作常量。根据研究中变量之间的关系，一般把变量分为自变量和因变量。研究假设虽然是在开展调查之前根据课题而提出的，但它并不是凭空想象或主观臆造出来的，科学的研究假设是创造性的思维产物，它的形成是一个复杂的思维过程。事实上，人们遇到需要解答的问题时，总是首先从过去的实践经验中寻求答案，总是很自然地把过去的经验当作第一参考系。实践越丰富，可对比的参照系越广泛，提出研究假设的能力往往就越强。

科学假设的形成还必须把现有的理论、实践经验和当时的实际情况结合起来。因为，调查课题之所以成为需要调查研究的课题，就是因为它本身是以往经验和现有理论不能完全回答的问题,是在特定时间、地点、条件下的带有特殊性的问题。因此,要从群众中来,到群众中去,通过实地考察,亲自掌握研究对象的特殊情况和最新消息。把理论、实践经验和实地考察的成果结合起来,就有可能形成具有独创性的研究假设。

现有的科学理论知识、实践经验、客观的实际情况和一定的想象力,是形成科学假设不可忽视的条件。其中,通过实地考察掌握调查对象的特殊情况和最新动态具有关键性意义,只有充分掌握了实际情况和最新动态,其他的条件才能充分发挥出来,形成的研究假设才有较为充分的客观基础。科学的研究假设是在初步探索之后形成的,那种不经过初步探索而直接冥想出来的研究假设很难说是客观的、科学的研究假设,并且很难发挥正确的指导作用。

第三节
完成调查方案的设计

农村社会经济调查是一项科学严谨的工作。调查方案是农村经济调查过程中的一个重要环节,一份科学合理的调查方案是调查成功的基础。调查方案是通过对一项调查研究的程序和实施过程中的各种问题进行详细、周密的考虑而制定出的总体计划。一套完整科学的调查方案是整个调查过程的行动指南,对保证调查工作的顺利进行具有重要的指导作用。

一、调查方案的设计原则

调查方案要做到科学实用,并保证整个调查研究工作的顺利进行、成效卓著,在设计时须遵循以下原则。

1. 实用性原则

实用性原则是指设计调查方案时,必须着眼于实际应用,使调查方案真正成为调查工作的行动指南。设计调查方案要坚持实用性原则,就必须从调查课题的实际出发,根据调查课题的主客观条件,慎重设计调查方案。既要根据调查目标,又要根据调查人员的素质;既要根据调查对象、时间和经费,又要根据调查的环境;等等。总之,调查方案的设计必须从实际出发，实用性是评价调查方案优劣的首要标准。

2. 完整性原则

调查方案的设计应尽量做到周全完整。对调查过程中需要具备的主观和客观条件要做好充分的准备，对可能出现的各种情况要提出预防的措施和解决的方法，尽可能杜绝因疏漏带来的负面影响。

3. 时效性原则

时效性原则是指在设计调查方案时，必须充分考虑时间效果，特别是一些应用性调查课题往往有很强的时间性。例如，市场调查、人口普查等调查就具有很强的时效性，这种类型的调查如果不重视时间性，总是落在时间后面放"马后炮"，其调查结果就会失去指导意义。当然，时效性原则并不是指越快越好，而应该根据调查课题的性质来定。许多理论研究的调查课题，由于需要做深入、持久、反复的调查，因此调查工作的周期也应该适当放长一些。但是，即使是这些类型的调查课题也应有时间观念，否则很难适应瞬息万变的现代社会发展的客观需要。

4. 经济性原则

经济性原则是指在设计调查方案时，必须努力做到节约人力、物力、财力和时间，力争用最少的投入，取得最大的调查效果。例如，在调查类型的选择上，能做抽样调查的就不做普遍调查；在调查方法设计上，能通过文献调查解决的问题就不去做现场调查；在调查范围的大小、调查对象的多少、调查时间的长短、调查人员的安排等方面，也都应尽量节约。

5. 弹性原则

弹性原则是指在设计调查方案时，对调查工作的具体安排和要求应留有余地，保持一定的弹性。这是因为任何调查方案都是事先的设想和安排，它与客观现实之间总会存在着或大或小的距离。在实际调查过程中，特别是调查的现场实施阶段，常常会遇到一些意想不到的新情况、新问题。因此，只有坚持一定的弹性原则，才能设计出真正实用的调查方案。

二、调查方案的可行性研究

可行性研究是科学决策的前提，也是科学设计调查方案的最后环节。对调查方案的可行性研究有多种方法，其中试验调查法具有重要意义。

1. 经验判断法

经验判断法即根据以往的经验来判断调查方案的可行性。它最大的优点是直接、简单、使用方便；最大的局限性是可行性研究者必须是有经验的人，且只能获得经验的判断。

经验判断法的具体步骤有以下几个方面。

(1) 调查方案设计者确定参加可行性研究的人员　在确定人员时应重点考虑以下三方面的人员：一是具有深厚理论基础和实践经验的调查专家；二是对调查内容熟悉的人；三是调查对象所在单位的领导。

(2) 正式邀请研究人员就调查方案进行可行性论证　可用两种方式进行：一种是召集大家以开会论证的形式进行；另一种是函寄论证，即把调查方案分别寄给各位可行性研究人员，请他们在规定时间内提出论证意见。论证的内容主要有：调查目标、调查内容与工具、调查时间、调查对象、调查方法、调查人员的组织、调查经费的计划、调查工作的安排等。以上内容要求参加可行性研究的人员凭自己的经验，分别做出评价。例如，对调查时间的安排如果是安排在农忙进行，则凭经验可判断出是不可行的。根据论证者的评价，综合提出可行性论证意见，并对调查方案进行修改、补充和完善。

2. 逻辑分析法

逻辑分析法即用逻辑方法检验调查方案的可行性。它最大的优点是简便易行；最大的局限性是参加可行性研究的人员必须具有较强的逻辑理论和实践知识，否则他们无法做出准确判断。在逻辑分析过程中，可行性研究人员必须遵循以下三条基本规律。

(1) 同一律　即在同一思维过程中，每一个思想必须具有确定性。也就是说，每一个思想都必须有确定的内容和确定的反映对象。例如，要调查某地区的人口结构，设计的调查指标是"农业人口"和"非农业人口"，这样调查出来的数据是不能说明问题的。因为农村人口不等于农业人口，同样，城镇人口也不等于非农业人口。农村人口和城镇人口是按居住地域划分的，农业人口和非农业人口则是按行业类别划分的，它们的内涵和外延都有很大差别。上述设计违背了逻辑学中的同一律，因而对调查所要说明的问题来说是无效的、不可行的。

(2) 矛盾律　即在同一思维过程中，对于同一个现象，不能有自相矛盾的两个思想，不能对于两个自相矛盾的思想同时都肯定为真，也就是不能模棱两可。

(3) 排中律　即在同一思维过程中，对同一事物的两个相互矛盾的论断，不能都予以否定，而必须肯定其一。根据排中律，在农村经济调查中，要排除思维中"是什么"和"不是什么"的中间情况，在"是"和"不是"二者之间非此即彼，必居其一。

3. 试验调查法

试验调查法即通过小规模的实地调查来检验调查方案的可行性。其最大的优点是对调查方案的可行性判断更为科学、准确；最大的局限性是工作量较大。试验调查法的具体步骤如下。

(1) 组织试验调查的队伍　调查的领导者、组织者和调查方案的设计者都必须亲自参加。同时，再派一些有经验的调查人员为试验调查的骨干。此外还要吸收少量缺乏经验的调查人员参加，以便发现他们在调查过程中可能发生的种种问题，为以后培训调查人员做好准备。

(2) 选择试验调查的对象　选择试验调查的对象应适当，应力求规模较小、数量较少、类型较多、代表性较强，并尽力保持试点单位的自然状态，否则将失去试验调查的意义。

(3) 采用灵活的调查方法　试验调查是"试验"，它不同于实际调查工作，既不是收集资料，更不是解决调查所要解决的问题，而是对调查的方案本身进行可行性研究。因此，应采取灵活机动的方法去调查。集体访谈不合适，可改为个别访谈；邮寄问卷不成功，可改用访问问卷；设计的调查指标不合理，可根据实际进行修改；安排的调查时间不合理，可根据实际情况进行调查；等等。总之，一个原则就是用什么方案能达到调查的目的，就采用什么方法。

(4) 进行多点对比试验　进行多点对比试验是调查方案的可行性研究的最有效方法。这里所说的对比试验，既包括同一方案的多点对比，也包括不同方案的多点对比；既包括同一方案的反复对比，也包括不同方案的先后对比或交叉对比。

(5) 做好试验调查总结和调查方案的补充、修改、完善工作　要认真分析试验调查结果，找出成败的主客观原因，并形成试验调查总结。在总结的基础上，进行调查方案的补充、修改和完善工作，使其真正成为切实可行的农村社会经济调查行动纲领。

 小思考

> 经验判断法与试验调查法的优缺点分别是什么？

三、调查方案的内容

调查的目的和意义是开展调查研究的前提条件，它是调查方案开头必写的内容。一般要写明以下五项主要内容。

1. 明确调查课题的基本情况

一是提出研究课题的名称，说明研究的目的，即主要解决什么问题；二是介绍选题背景，以及目前国内外的研究现状，研究工作现在达到的水平及发展趋势，有哪些问题尚待深入研究；三是说明课题研究的意义，分析说明调查研究的理论价值、实践价值或应用价值。调查目的必须十分明确，中心突出，这样才能有效把握应该调查什么、向谁调查、用什么方式调查。目的不同，调查内容也不同。

2. 确定调查对象和调查单位

确定调查对象和调查单位所要解决的是"向谁调查"，由谁来提供所需数据的问题。调查对象是指需要进行调查的社会经济现象的总体。确定调查对象就是要明确规定该总体的范围或统计的界限。例如，要对某县的农民家庭消费状况进行调查，调查对象就是该县所有农户。调查单位是指需要进行调查登记的标志的承担者。在确定调查单位时，还需要同时确定填报单位，即由哪个单位来进行资料填报。它可以是调查单位，也可以不是。

3. 制定调查表

调查表一般由表头、表体和表外附加3个部分组成。调查表一般有单一表和一览表两种形式。单一表是单独登记的表格，有多少调查单位就有多少张表。它可以详细列示调查的项目。一览表可同时登记若干个单位的表格，适用于登记项目较少而单位较多的情况。

4. 确定调查时间

调查时间有两种含义：一是指资料本身的时间；二是指调查工作的起讫时间，也称为调查期限。除了计划总体时间以外，还应计划在什么时候调查最好。如农业生产具有一定的季节性，对粮食产量的调查应当在粮食的收获季节。

5. 编制调查组织计划

调查组织计划是从组织上保证调查工作顺利开展的重要依据。内容包括：调查的组织机构、参与调查的单位和人员、调查人员的培训、调查方式和方法的确定、调查文件的准备和调查费用预算等。一支好的调查队伍是完成调查工作的根本保证。队伍的规模、人员的素质和结构都要与研究任务的性质、难易程度相适应。每个调查人员都应有明确的分工，有些调查工作在调查前应进行必要的培训。培训工作应专门制订计划，写明培训目的与要求、任务与内容、方式与方法，以及时间安排与考核办法等。此外，如何筹措和使用经费、如何用最少的资金获得最大的调查成果，也是设计调查方案中的重要问题。

第四节 组建农村社会调查队伍

一、选择农村社会调查人员

1. 选择农村社会调查人员的必要性

（1）农村社会调查任务的要求　农村社会调查的主要任务是了解农村社会现状，发现问题，判明趋势，预测未来。因此，这就要求调查人员善于确定课题，科学地论证假设，提出正确的方案，选用适当的调查方法，搜集真实可靠的资料，进行透彻的理论分析，得出能经受实践与历史考验的结论。如果没有一支与此要求相适应的包括组织者、领导者和工作人员在内的调查研究队伍，是完全不可能进行调查的。如果要使调查材料真实地、准确地反映农村社会实际，就要求调查人员的思想作风和调查态度必须是实事求是的。在调查中要以尊重事实为依据，不能随意杜撰或是根据自己的主观想象去做调查，那样获取到的调查材料是不可靠的，如果政策部门或是研究部门根据这种不可靠的材料去做决策，后果将不堪设想。

（2）新时期、新形势的需要　在乡村振兴战略的指导下，农村正在发生着根本性的变化：农业供给侧结构性改革取得新进展，粮食生产能力跨上新台阶，新型农业经营主体发展壮大，农村新产业、新业态蓬勃发展，农业现代化稳步推进。面临社会发展的机遇，要靠各级党政部门的广大干部去探索、去调查研究，当然更需要农民群众的积极实践。因此，选择素质较高的调查人员，是新形势的需要。

2. 选择农村社会调查人员的原则

（1）一致性原则　是指调查人员本身的专业知识与调查任务、调查内容相一致的原则。这就要求在确定调查任务和调查内容的基础上，要选择具有相应专业知识和特长的、对农村社会调查比较熟悉的专职和非专职的调查人员参加调查。应尽可能使他们胜任调查工作，也就是使调查人员本身具有的专业知识与农村社会调查的任务、内容相一致。

（2）知识能力综合性原则　是指农村社会调查人员不仅要具有较渊博的科学文化知识、丰富的社会常识，而且还应具有发现、分析和解决问题的能力以及实际工作经验。这主要是由农村社会调查内容的丰富性、广泛性，以及人际关系的复杂性等决定的。

（3）群体协调原则　是指在组成一个调查集体时，要形成最佳的群体结构，要注意调查队伍内的知识结构、年龄结构和性别组成等。从知识结构看，应有从事社会学、社会调查、经济学研究的专业人员，也要有受过统计训练的技术人员；从年龄结构看，要有精通业务、富有经验、有真才实学和远见卓识的老年专家学者，也要有精力充沛、事业心强的中青年调查人员和农村实际工作者参加；从性别看，男女都要参与。

3. 农村社会调查人员的素质

（1）政治素质　农村社会调查人员必须具备的最基本的政治素质是：第一，政治上的坚定性，即要有正确的立场、观点和方法。在新的历史时期，调查人员政治上的坚定性，主要是指拥护和贯彻执行党的路线、方针和政策，坚持四项基本原则，在政治上和党中央保持一致，坚持全心全意为人民服务。第二，坚强的事业心和高度的责任感，即人们为实现远大理想而献身于具体事业的决心、责任感和为之奋斗的拼搏精神。农村社会调查人员的事业心和责任感就是指为实现党的总任务，而致力于农村社会调查工作，并对此有浓厚的兴趣和政治责任感。

(2) 品德素质　品德即品质、道德。它的基本内容是指马克思主义的世界观，共产主义的理想、信念和道德。调查人员的品德素质具体要求是：第一，要有严格的科学态度。其核心是实事求是的态度，要尊重科学、尊重事实、尊重真理。第二，要有谦逊、和蔼、平易近人的作风。谦逊、和蔼、平易近人是农村社会调查人员应该具备的优良作风。进行农村社会调查，要求调查者要以虚怀若谷的态度；要谦虚谨慎，甘当学生；要严于律己，平等待人；要尊重调查对象，切忌自以为是、骄傲自大、盛气凌人，甚至轻率粗暴。特别是在深入农户做调查时，更应注意。第三，要有吃苦耐劳的坚强意志。农村社会调查的艰巨性，要求调查人员必须有全心全意为人民服务的精神和任劳任怨、吃苦耐劳的坚强意志。在调查过程中，要自始至终满腔热情、认真负责、不辞辛苦。遇到困难要有坚持不懈、百折不挠的精神；受到挫折不互相埋怨，不动摇信心；受到委屈不发火，不责怪他人。

(3) 业务素质　业务素质是指一个人在长期的社会实践活动中，所学习和积累起来的社会科学知识、自然科学知识和实际工作经验。具体来说，应包括以下两方面：一是具备丰富的科学文化知识，包括哲学知识、经济学知识、历史知识、数学知识、语文基础等；二是一定的工作能力和实践经验。

(4) 心理素质　农村社会调查人员应具备一定的心理素质。第一，兴趣。农村社会实践要求调查人员对农村社会的一切现象都有浓厚的兴趣。这是促进调查圆满成功的关键。第二，气质。农村社会调查人员从工作需要出发，应培养和发展敏感意识，易于适应新的环境，在集体中培养善于处事、朝气蓬勃、埋头苦干、细心等积极的气质，限制优柔寡断、因循守旧、一经挫折情绪就一落千丈等消极的气质。总之，使自己的气质符合农村社会调查的要求。第三，能力。这里的能力包括社交能力、分析问题的能力、表达能力和随机应变能力等。社交能力直接关系到调查局面的开创、工作的深入、资料的搜集等；分析问题的能力关系到在调查过程中能否发现问题，把握实质，抓住关键；表达能力关系到综合、归纳、总结调查资料，也关系到撰写调查报告；随机应变能力关系到调查工作的灵活性，做到原则与灵活相统一。第四，性格。农村社会的环境要求调查人员对人、对集体的态度应是集体主义的，有组织纪律性，富于同情心；对工作的态度是积极主动的，在困难情况下顽强果断；对自己的态度是谦虚的。因此，在农村社会调查中，要考虑每一个调查人员的性格特点，尽量安排适合其性格特点的工作，这样有利于发挥每个人的长处。

(5) 生理素质　生理素质是反映人的体力状态的素质，主要是指人的体质。农村社会调查人员应具有的生理素质是强壮的身体。因为实地调查是非常辛苦的工作，有强壮的身体才能较好地适应调查工作。

二、农村社会调查人员的培训

1. 农村社会调查人员培训的内容

培训调查人员的具体内容取决于调查课题，调查课题的不同，培训的具体内容也就不同。但是一般来说，培训调查人员应包括以下内容。

（1）思想方面　组织调查人员学习社会调查理论，提高他们进行社会调查的自觉性。同时，还要围绕调查课题进行思想教育，使每个调查人员都深刻认识调查课题的目的和意义，从而激发他们从事调查的积极性。

（2）知识方面　要组织调查人员学习理论知识和实践知识，使调查人员对调查课题有较深入的了解。同时，要教授党和国家有关的方针、政策、法律、法规等，使调查人员能够按照党和国家的有关规定去分析问题、思考问题。

（3）方法方面　对调查人员的方法训练，应该根据调查方案的设计要求，有选择、有重点地进行。在训练时，要坚持理论与实际相结合的原则，着重在"用"字上下功夫，特别是要帮助他们学会灵活处理各种特殊情况或意外事件的具体方法。

2. 农村社会调查人员培训的方法

（1）集中讲授　把调查人员集中起来，主要讲授有关社会调查的基本知识，调查课题的目的、要求、内容、方法，调查工作的具体安排，等等。同时，也可请被调查单位的领导介绍有关调查课题的背景知识。

（2）阅读和讨论　主要是阅读与调查课题有关的党和国家的方针、政策、法律和法规，阅读调查方案、表格、提纲、问卷及其说明文件等。为了加深对阅读材料的理解，还可组织调查人员对某些问题进行必要的讨论和交流。

（3）示范和模拟　对于有关调查方法和技术方面的问题，还应进一步组织一些示范活动。例如，就如何填写表格、访问问卷等，可以请有经验的人做一些示范性的填写。此外，还可搞一些模拟调查，即由调查人员分别扮演成调查者和被调查者，进行一对一的调查模拟。而现场实习不同于模拟调查，又不同于实际调查。现场实习一般应先由有经验的调查人员主持调查，然后再由受训的调查人员去做实习性调查。现场实习方法是调查人员学习调查方法和技术的最有效的方法。

第五节
安排各阶段的调查任务

调查研究活动的主要任务就是调查人员按照调查研究方案，科学、完整地完成从资料搜集、整理与分析到形成研究报告和应用成果的整个过程。

一、资料的搜集

资料的搜集环节实际上是依据调查程序中确定的调查方法获取各类资料的过程。这个过程中关键的问题是资料搜集要科学、准确、全面和完整。因此，资料的搜集过程直接决定了调查人员分析问题、认识问题的准确程度、深度和广度等。调查人员在此环节必须认真、谨慎，严格按照已经确定的调查类型和调查方法的操作程序，尽可能保证获取资料的程序是准确和完整的，从而保证获得的资料是准确和科学的。当然，不同的调查方法对资料的要求也各不相同，搜集资料的技巧也有差异。

二、资料的整理与分析

利用各种调查方法获得的资料在使用之前，都必须进行必要的整理，才能符合分析的要求。因此，整理资料也是不可缺少的一环。当然，利用不同调查方法获得的资料在整理的便利程度上有所不同。例如，有些是从统计年鉴或现成的数据库中获取的二手资料，在整理时就方便一些；而有些资料是从实地调查和访问中获得的，这些资料在整理时就麻烦一些。如果是数据型资料，可能会出现需要对缺失数据进行调整的情况，还需要检查数据的准确性，需要进行统计分组、汇总等。例如，在问卷调查资料的整理中，需要完成从问卷到数据库的转换。这一过程具体包括问卷的核对、问卷问题的编码、制作录入模板与测试、录入数据、核对数据、清理数据、筛选有效样本、分组、汇总等。如果是录音、录像等资料，需要转化为文本资料；如果是直接收集的访谈资料，需要将资料进行审查、补充、分类等。经过整理的数据才可以用于分析。

对于调查人员来讲，分析资料的过程就是对资料进行挖掘、开发的过程。依据资料的数学特性，研究人员需要采用不同的方法，或者对理论假设进行验证，或者对资料进行比较、综合、归纳，其目的是对研究问题或现象进行解释和说明，从而促进理论的升华或形成新的理论。对于文字资料、录音、录像等数字特征弱的资料，研究人员一般采用比较分析、逻辑分析、历史分析、系统分析等方法，来深入探究研究对象的行为、事件发展的规律等内在的本质特征，属于定性分析的范畴。对于问卷调查资料、统计年鉴资料等数字特征强的资料，研究人员一般可以采用描述分析、统计分析、数学（计量）模型分析等方法，来探究研究对象的行为、社会经济发展中不同特征或属性之间量的变化规律，属于定量分析的范畴。只要采用的研究方法能够实现准确、科学地分析资料，那么研究人员就可以根据自己的专长来选择分析资料的方法。因此，在现实的科学研究中，常常会发现对于同一份资料，不同的研究人员使用不同的方法进行分析，得出的结论可能相同也可能不同的情况，这都是正常的。

三、调查报告的撰写

调查报告的撰写是调查研究程序的最后一个环节，也是调研工作完成的标志之一。调查报告通常包括两部分：一是调查活动工作的总结报告，二是调查研究题目的分析报告。调查活动工作的总结报告主要是对调查研究过程中的人员、资金、工作计划安排等进行总结，为今后的调查研究工作提供经验。调查研究题目的分析报告是调查研究成果的集中体现。调查研究报告中一般要包括调查研究方法、调查研究过程、调查研究结果和结论及政策建议等内容，是对研究问题的系统阐述和说明。

四、调查研究成果的应用

调查报告完成后的主要任务是能够将调查研究成果应用到实践领域或理论领域。应用方式主要有公开出版、学术讨论和交流、政策论证、内部简报或汇编等。调查报告应该被充分利用起来，以更好地为农村政策和农村经济社会发展服务。

一项调查研究项目的理论和实践价值往往是通过成果应用的深度和广度来反映的。就深度而言，调查研究成果的采用率、转载率、引用率是最好的体现研究成果深度的指标，是成果得到同行、专家和政府部门较高认可的证明；就广度而言，调查研究成果的发表范围越广，会议讨论层次越高，调查研究成果应用就越广泛。特别是一项调查研究成果若能够得到政府相关部门的认可和政策应用，那么这样的调查研究成果的深度和广度都将得到进一步扩大。当然，对调查成果最终的评估，必须以实践为基础，在实践中应用调研理论和检验结论。

本章小结

农村社会经济调查研究是一个由实践认知到理论认知，再由理论认知到实践认知的过程，是感性认知和理性认知交织提升的过程。这个过程对调查研究程序的确定、对调查研究方法的应用、对研究者逻辑思维的科学性提出了更高要求。因此，把握科学的研究程序是做好农村社会调研的前提。确定研究主题和问题是研究的第一步，至关重要。初步探索是调查程序中探索和明确研究问题和目的的一个环节。研究假设是研究者思想的呈现，是研究者在已有的科学理论和经验事实的基础上，对所研究问题的规律或原因做出的一个或一系列富有逻辑的推测性论断，是可检验命题的具体表述。调查和研究阶段的任务主要是搜集资料、整理和分析资料、完成报告、成果应用。

思考与练习

1. 农村社会经济调查的一般程序是怎样的？
2. 如何选择和确定调查研究的主题？
3. 调查方案的可行性研究有哪些方法？
4. 如何组建农村社会调查队伍？

PPT 课件

第四章
问卷调查法

学习目标

1. 熟悉调查问卷的分类和基本结构。
2. 掌握调查问卷设计的程序。
3. 掌握调查问卷的设计方法。

思政与职业素养目标

通过深入调查获取一手资料，培养团队合作意识与勤恳踏实的工作态度。

某地农村消费情况调查问卷

您好！我是某市政策研究处的调查员。为了更好地了解某农村中农民的收入与支出的情况，以便了解当前时期村民需要政府提供哪些方面的支持与帮助，特别展开此次调查。您的反馈信息将会为我们制定新政策提供基础依据。非常感谢您抽出时间填写这份调查问卷！

第1题　您的职业是：（　　）
A. 务农　　　　B. 乡镇企事业单位　　C. 政府机关　　D. 个体
E. 农民工　　　F. 其他

第2题　您家一个月的总收入大概是多少？（　　）
A. 1000元以下　　B. 1000～3000元　　C. 3001～5000元　　D. 5000元以上

第3题　您收入的主要来源是：（　　）
A. 农产品收入　　B. 养殖业　　　　C. 家庭副业　　D. 本地乡村企业收入
E. 外出打工　　　F. 自己的企业　　G. 其他

第4题　您的家庭支出的主要项目是：（　　　）（可选三项）

A. 子女的婚姻　　B. 子女的教育　　C. 医疗　　　　　D. 购房

E. 购车　　　　　F. 家庭日常开支　　G. 购买生产资料

第5题　您家一个月的总支出大概是多少？（　　　）

A. 500元以下　　B. 500～1000元　　C. 1001～2000元　D. 2000元以上

第6题　如果您有剩余收入，想提高您的生活质量，您会选择：（　　　）

A. 温饱　　　　　B. 房屋建设　　　　C. 子女教育或家庭成员的学习

D. 婚嫁　　　　　E. 家用所需的其他物质消费

第7题　在您家每月总支出中所占比重最大的是：（　　　）

A. 日常生活必需品　　　　　　　　　B. 供孩子读书

C. 赡养老人　　　　　　　　　　　　D. 农业成本

E. 其他

第8题　您选择消费的地点是：（　　　）

A. 总在乡镇的市场上

B. 一般在乡镇的市场上，偶尔去城里商场

C. 一般都到市里去买，偶尔在乡镇上买

第9题　在购买商品时，您优先考虑的因素是：（　　　）

A. 价格、质量、售后、环保　　　　　B. 质量、价格、售后、环保

C. 售后、质量、价格、环保　　　　　D. 环保、售后、质量、价格

第10题　您希望孩子的教育程度达到哪种水平？（　　　）

A. 初中　　　　　B. 高中　　　　　C. 本科　　　　　D. 硕士及以上

第11题　您所在的村子的经济状况与过去的十年相比（　　　）

A. 改善很多　　　B. 改善一点　　　C. 没有明显变化　D. 不如过去

第12题　您认为您所在农村的经济改善最多的地方在（　　　）

A. 交通设施　　　　　　　　　　　　B. 住房条件（包括用水、用电的方便程度）

C. 家用电器　　　　　　　　　　　　D. 家用或农用交通工具

E. 儿童教育

第13题　您认为新农村建设应该主要依靠什么？（　　　）

A. 靠政府项目资金扶持　　　　　　　B. 发展农村集体经济

C. 靠村民自身努力　　　　　　　　　D. 村民和政府共同努力

E. 靠招商引资　　　　　　　　　　　F. 靠国家政策正确引导

G. 不清楚

第14题　政府政策使您受益最多的地方在哪里？（　　　）

A. 九年义务教育免除学生学杂费　　　B. 农机具补贴

C. 小额贷款　　　　　　　　　　　　D. 医疗保险

第15题　新农村建设中您最关心的事是：（　　　）

A. 收入增加、生活改善　　　　　　　B. 民主管理

C. 村容整洁　　　　　　　　　　　　D. 乡风文明

第 16 题　您家享受免征农业税的政策了吗？（　　）
A. 享受了　　　　B. 没有享受　　　　C. 不知道　　　　D. 说不清
第 17 题　您加入农村医疗保险了吗？（　　）
A. 没有　　　　B. 加入了　　　　C. 不知道
第 18 题　有了新农合医保后，现在家里就医情况如何？（　　）
A. 就医方便且便宜　　　　　　　B. 只是便宜一些
C. 便宜但是就医难　　　　　　　D. 其他
第 19 题　您日常的交通工具是：（　　）
A. 自行车　　　　B. 摩托车　　　　C. 汽车　　　　D. 其他
第 20 题　在生活中，您目前最担心的问题是什么？

我们衷心感谢您对我们此次问卷调查的支持与合作。为了保证资料的完整与翔实，请您再复核一下填答过的问卷。谢谢！

启示：调查问卷所选择的问题，必须是有效用的、符合客观实际情况的、易于理解和被真实回答的。

重点导读

问卷作为一种标准化和统一化的数据收集程序，用于保证访谈调查的效度与信度，是调查信息的主要载体。问卷调查法是调查者利用一份精心设计的调查问卷，通过由调查对象填写或者由调查对象回答、调查者填写的方式进行资料搜集的方法。问卷调查法中的关键技术是问卷设计，只有设计出一份符合调查研究的目的和需要的问卷，并对调查实施结果进行汇总，撰写报告，才能达到研究的目的。

第一节
问卷调查的分类

问卷调查一般都是书面调查，即调查者书面提出问题，最后调查资料也以书面的形式呈现给调查者。它往往是调查者运用统一设计好的问卷，向被调查者了解情况或征询意见，通过书面回答的方式搜集资料。

按问卷调查途径的不同，问卷调查可以分为报刊问卷调查、邮政问卷调查、送发问卷调查、网络问卷调查和访问问卷调查。按问卷填答者的不同，问卷调查可以分为自填问卷调查和代填问卷调查。自填问卷调查是由调查对象自己填写调查问卷，如报刊问卷调查、邮政问卷调查、送发问卷调查、网络问卷调查等都属于自填问卷调查类型。代填问卷调查是由调查者代替调查对象填答调查问卷，如访问问卷调查就属于代填问卷调查。

一、报刊问卷调查

报刊问卷，是指人们在买报刊时获得的随刊问卷。它的调查对象是各类读者。报刊问卷调查是问卷随报刊传递而分发后，再请报刊的订阅者或阅读者就报刊中附寄的问卷做出书面回答，并在规定的时间内将问卷返还到指定地址的一种方法。这种调查方法的优点是：有稳定的传递渠道、分布面广、匿名性强、回答质量较高、能节省费用和时间、有很强的适用性。但是，缺点也很显而易见，通常只有感兴趣的读者才会参与问卷回复，涉及相关资料的代表性也比较差。另外，鉴于读者的知识水平不同，对问卷内容的理解角度、深浅度不一，最终使得问卷回答的质量也难以控制。因此，利用报刊问卷调查有时很难对调查内容和调查对象的实际情况做出客观的分析。

二、邮政问卷调查

在农村社会经济调查中，邮政问卷调查大多是调查关于"三农"方面所需要的材料。它是指通过邮局把印制好的问卷装进信封，寄给预先选定的被调查者，并要求被调查者按照规定的要求和时间填答问卷，再将问卷寄还给调查者的一种调查方法。

邮寄问卷法成本较低，调查中没有出行的交通费、住宿费等费用，只需费用较低的信封、邮费、打印复印费，以及返还问卷后的录入、处理费用，因此邮政问卷调查方法的费用要节省很多。同时，在操作时也比较方便，通过邮局即可寄发出去，适用于调查对象分布范围广泛，特别是调查者难以亲自到达的地方。但是，预先选定被调查者并且获取调查者的详细通信地址比较困难，这直接影响了问卷的回复率。回复率低的原因还有可能是调查对象文化程度低或对回答问卷无兴趣等，因而不愿意回答问卷。对已回复问卷的质量，调查者也难以控制，可能返还的部分问卷是无效问卷。因此，调查者为了提高问卷的回复率和有效率，往往采取一些有奖回答的方式。而从调查者的角度来说，也多是从设计问卷方面着手，采取优化问卷题目的设计、有目的地选择调查对象等方式，以避免被调查者在填写问卷时出现不知如何填写、怕麻烦等状况。但通常来说，邮寄问卷法的回收率相对较低。

三、送发问卷调查

送发问卷调查，是指调查者将问卷送给被选定的调查对象，并待其填完后马上收回的问卷调查方法。这种问卷调查方法适用于有组织、有目的、集体性的调查活动。

送发问卷调查的最大优点是回收及时、回复率高、节省费用，且有利于对调查对象的疑难问题做出某些口头的说明或解释，有利于调查者了解和分析影响调查的因素。送发问卷调查的过程中也容易出现调查对象过于集中而致使调查范围比较狭窄、问卷回答的质量较低的情况，因为调查对象之间往往互相询问、互相影响，从而造成回答结果失真。

四、网络问卷调查

网络问卷调查，是指调查者以网民为调查对象，以网络为载体来分发和收集问卷的一种调查方法。网络问卷调查是随着互联网的发展和普及而得到应用的。网络问卷调查适用于市场调查、民意调查、敏感性问题的调查等。

网络问卷调查的做法是将调查问卷放在网站的某个网页上，回答者只要登录网页就可以参与调查。例如，利用平台进行调查问卷收集的问卷星。电子邮件调查的做法是将问卷发送到调查对象的电子邮箱中，请求调查对象主动填答并通过邮件返还完成的问卷。网页拦截式调查的做法是在热门的门户网站上随机弹出调查问卷或其链接，让正在访问网站的用户选择填答。网上论坛调查一般可以通过发起调查帖子的方式，来收集网络上的看法、意见、观点等。

提高网络问卷调查的质量，往往可以从以下方面来考虑。

第一，设计的问题应该简单、明了、通俗易懂。采用网络填答法收集资料，因为没有调查者与被调查者之间的直接交流，所以问题应不易产生误解；问题的填答方式要简单，尽可能让被调查者通过点击鼠标即可完成；问题不宜过多，过多的问题会影响被调查者的耐心。另外，网络问卷调查如果是通过网络或是多媒体来开展，也可从视听效果方面来增强趣味性、参与性，提高被调查者回复的积极性。

第二，调查对象所填写的问卷应具有代表性。对于网络调查来说，要提高样本的代表性，就要尽可能提高调查对象的覆盖面，使更多的人、不同特征的人参加调查，如可以通过各种广告宣传方式，在点击率高的网站上建立链接等。

第三，提高网络调查人员的专业素质与技能。网络调查系统的建立是一项复杂的工作，其中既包括建立调查对象的网址清单系统，形成抽样方法系统化和计算机化的调查软件系统，还包括抽样结果的反馈系统、链接数据的整理和分析系统等。这就要求网络调查人员必须是综合性人才，具备综合技能，既掌握统计调查的理论和方法，还谙熟计算机理论，擅长网络技术，能够对数据库及网络系统进行管理。

五、访问问卷调查

访问问卷调查，是指调查者利用统一设计的问卷向调查对象依次提出问题，然后再由调查者根据调查对象的口头回答来填写问卷的一种调查方法。

访问问卷调查相对于其他类别的问卷调查法，有着明显的优势。第一，有利于控制整个访谈过程；第二，调查者可随时根据情境，灵活地使用各种访谈方法和技巧，以便于被调查者对回答问卷的结果做出正确的分析和评价，且有效问卷的比例也很高。但同时，因访问问卷调查需要双方面对面交流，会在调查的问题上花费大量的时间、人力和物力，而且在访谈的过程中也容易受到调查对象的主观素质、合作态度，以及调查者的沟通技巧等多方面因素的影响或制约，因而问卷回答的质量也因人而异。特别是对于一些敏感的话题或是涉及个人隐私、价值判断方面的提问，想获取相关的信息难度也比较大。

访问问卷调查通常是由研究者先选择和培训一组调查员，再由这组调查员携带着访问问卷分赴各个调查地点，按照调查方案和调查计划的要求，与所选择的被调查者逐一进行访问和交谈，并按照问卷的格式和要求记录被调查者的各种回答。在访问中，调查者严格依据调查问卷提出问题，并严格按照问卷中问题的顺序来提问；调查员不能随意改变问题的顺序和提法，也不能随意对问题做出解释。答案的记录也完全按问卷的要求和规定进行。

例如，要进行一项关于某村的社会经济收入调查，就可以采用这种方法来收集资料。研究者设计好农村社会经济收入的访问问卷之后，选择一组社会学系的研究生担任访问员，对其进行培训之后，由这组访问员携带访问问卷分赴作为样本的村中进行调查，按照调查设计的要求，找到被抽到的村民并逐一进行访问，最后按照问卷的格式和要求记录被访问村民的回答。

第二节
调查问卷设计的要点和程序

一、调查问卷设计的要点

在问卷设计中要遵循一定的原则,来指导问卷设计的方向,最后按照一定的步骤进行才能实现问卷调查的目的。一旦在设计中违背了这些原则,可能会直接影响问卷调查所获资料的质量。

1. 问卷设计的出发点

在问卷设计之初,必须要明确设计的角度是从调查者方面考虑,还是站在被调查者的角度考虑问题。这里明确为要从被调查者角度考虑,这是问卷设计的根本出发点。因为调查的成功与否,直接取决于被调查者能否给予支持和合作,而问卷设计本身是影响被调查者是否配合的重要因素。

在设计问卷时,如站在被调查者的角度,要遵从两个标准。

第一,被调查者要能够回答。能够回答的意思是,调查的问题要能够被调查者所理解,这就要求问题不能超出被调查者的知识背景、理解能力和认知范围。例如,在做关于农村妇女对其子女教育态度的调查时,问题中最好不要出现在城市中的常见说法,如择校、培优等。同时要考虑,对于问卷中的问题被调查者是否能回忆出以进行回答。即使能回忆出,又是否能够清晰地表达出呢?因此,在设计问卷之初,要考虑被调查者的文化程度、社会经历,以及性格特征,以此来确保问卷中的问题都能够被清晰地表达出,从而成功地完成问卷调查的任务。

第二,被调查者愿意回答。无论问卷调查成功与否,必须首先要收集相关资料,争取被调查者的支持,除了客观上使被调查者能够回答外,也要在主观上尽可能争取被调查者回答的意愿。这就要求在问卷设计中要考虑到被调查者的心理因素,有许多因素可能阻碍被调查者的填答意愿。例如,被调查者不感兴趣的主题或问题;被调查者觉得很复杂麻烦的问题;被调查者对调查目的有所怀疑;涉及个人隐私或者不愉快的经历等方面的问题;不适合被调查者客观背景的问题;等等。一般来说,有些被调查者认为他们答完一份问卷没有任何意义,或是在答卷过程中遇到让人含糊不清、琢磨不透的问题,就索性不答。因此,设计问卷必须站在被调查者的角度。

2. 问卷设计的立足点

研究假设的验证是指在进行问卷设计之前,要有问卷问题中所涉及的理论框架或理性分析作指引,进而导出各种假设,引导问卷调查。

社会调查问卷中的相关问题都不是孤立存在的,调查者必须把问卷的整个设计放在系统的研究程序角度加以考虑。问卷设计不是简单的问题和答案的罗列,而是整体研究框架中的一个有机组成部分。因此,问卷设计需要"前思后想"。"前思"就是说在问卷设计的前期有与之紧密相连的概念测量和操作化,调查者必须在概念操作化的基础上设计问卷,否则就只是盲目的想象;"后想"则是说在设计问卷时要考虑后期的资料统计分析,每一个问题在设计时就要考虑好下列因素,如某个题目在撰写研究报告时将用于说明什么,它可以用什么方法进行统计等。这就需要把握好问卷设计的立足点,即研究假设的验证。

如果脱离了理论框架的指导,问卷设计工作往往是漫无边际、没有中心地提问题。离开整个科学背景断章取义地来看问卷设计,其结果既可能是缺少某些必要的资料,也可能是收集到太多与研究目的无关的资料。一旦缺少必要的资料,分析工作就难以进行,正确、全面的结论就难以得到;而与研究目的无关的资料太多,则又会浪费大量的人力、物力和时间,并且给资料的整理和分析工作带来许多不必要的麻烦,有时甚至会使研究者陷于资料的海洋难以自拔。很多的调查问卷就是因缺少理论框架和理论分析而导致目的性差和盲目性大,这就需要调查者必须重视调查问卷设计的立足点。

3. 问卷设计的根本点

问卷设计的根本点是指在调查问卷设计中确保其信度和效度。信度是指在相同的条件下,不同的被访者会以同样的方式来回答问题,即测量的一致性。确保测量一致性的一个方法就是让每个人都回答相同的问题,并在有限的答案中加以"被迫式"的选择,因此,问卷中90%以上的问题都是封闭式的。这与问卷本身以及社会调查的特性相关,因为问卷是一种高度标准化和控制化的测量工具,只有这样才能保证结果的一致性和稳定性。为了保证信度,研究者期望做出这样的假定,即问卷答案的差异来自被访者的差异,而不是来自每个被访者所受到的那个刺激的差异,其最高表现就是每个被访者对问题的理解都是一致的。

效度则是表明问卷设计中的问题和对概念实际理解操作与研究问题之间的对应程度。目前,大量社会调查问卷都停留在描述性层面,但人们又往往想当然地利用这些描述性资料去直接回答或验证某种抽象的理论和假设。结果,就带来一个比较普遍存在的问题,即与问卷相关的只有一些基本的描述和资料堆砌,难以对资料本身提出有意义的分析和理论概括。因此,在社会调查中,问卷是研究者和被访者之间进行联系的纽带,只有同时平衡这两个方面,才能设计出真正可信有效的问卷来。

二、调查问卷设计的程序

1. 前期探索性工作

在设计一份调查问卷前,首先应当做的是对情况进行摸底,了解一些最基本的内容,以便对于问题的提法和可能的回答有一个初步的认识。做这种探索工作的常见方式,是设计者围绕所要调查的问题,自然、随便地与各种调查对象交谈,并留心观察他们的特征、行为和态度。通过交谈,常常可以避免在设计问卷时出现许多含糊的问题,也可以避免设计出不符合客观实际的答案来。这是因为,当设计者在交谈中提出的问题含糊不清时,调查对象必然会提出疑问。而设计者熟悉和了解各种类型的调查对象对某一问题所给予不同的具体回答,就可以根据实际情况恰当地设计出这一问题的各种答案。

2. 设计问卷初稿

设计问卷初稿的方法主要有两种:卡片法和框图法。

(1) 卡片法 是从具体问题开始,然后到部分,最后到整体。其步骤如下:第一,根据探索性工作所得到的印象和认识,把每一个问题写在一张卡片上。第二,根据卡片上问题的主要内容,将卡片分成若干堆,即把询问相同事物的问题卡片放在一起。第三,在每一堆卡片中,按合适的询问顺序将卡片前后排序。第四,根据问卷整体的逻辑结构排出前后顺序,使卡片连成一个整体。第五,从回答者阅读和填答问题的顺序是否方便、是否会形成心理压力等角度,反复检查问题前后顺序及连贯性,对不当之处逐一调整和补充。第六,把调整好的问题依次写到纸上,形成问卷初稿。

(2) 框图法 是先从总体结构开始,然后到部分,最后到具体问题。其步骤如下:第一,根据研究假设和所需资料的内容,在纸上画出整个问卷的各个部分及前后顺序的框图。第二,具体写出每一个部分中的问题及答案,并安排好这些问题相互间的顺序。第三,根据回答者阅读和填写问卷是否方便等,对所有问题进行检查、调整和补充。第四,将调整的结果重新抄在另一张纸上,形成问卷初稿。

这两种方法各有优缺点,为了吸收两者的长处,避免两者的不足,可以将两种方式结合进行。具体方法是:首先,根据调查内容的结构,在纸上画出问卷总体的各个部分及其前后顺序;其次,将每一部分的内容编成一个个具体的问题,写在一张张小卡片上;再次,调整问题间的顺序;最后,将整理好的问题卡片打印出来,形成问卷初稿。

3. 试用

当问卷的初稿设计好后,就到了试用这一步,在问卷设计的过程中,这一步也是尤为重要的。因为正式调查前有了试用,才有可能对问卷初稿进行修改,避免在正式调查时出现问题。试用问卷初稿的方法有两种：一种是客观检验法，另一种是主观评价法。

客观检验法是指将问卷初稿打印若干份，然后采取非随机抽样的方法选取一个小样本，用这些问卷初稿对他们进行调查，最后认真检查和分析初试调查的结果，从中发现问题和缺陷并进行修改。主要检查和分析以下几个方面：其一，回收率。如果回收率较低，如在 60%以下，往往说明问卷在设计上有较大的问题。其二，有效回收率。即扣除各种废卷后的回收率。它比回收率更能反映问卷初稿的质量。因为收回的废卷越多，说明被调查者填答完整的问卷就越少，这也就意味着问卷初稿中的毛病可能较多。其三，填写错误。填写错误有两类，一类是填答内容的错误，即答非所问。这是对问题含义不理解或误解造成的。对于这种情况，一定要仔细检查问题的用语是否准确、清晰，含义是否明确具体。另一类是填答方式的错误，这主要是问题形式过于复杂、指导语不明确等原因所致。其四，填答不完全。要分析出大部分被调查者未做回答的原因，然后改进；对于中间出现中断的情况，则要仔细检查中断部分的问题，分析出被调查者"卡壳"的原因。

主观评价法的具体做法是将设计好的问卷初稿抄写或复印若干份，分别送给该研究领域的专家、研究人员，以及典型的被调查者，请他们直接阅读和分析问卷初稿，并根据他们的经验和认识对问卷进行评论，指出不妥之处。例如，在准备进行一项有关城市交通问题的社会调查时，当设计好调查问卷后，可以采用主观评价法对问卷进行试用。可以将复印的问卷初稿分别送到城市交通管理部门的有关人员、公共汽车公司的司售人员、公安局的交通民警等人手中，请他们从各自的角度对问卷中的问题进行检查和评论，提出他们的具体意见。

4. 修改定稿并印制

根据上述方法找出问卷初稿中所存在的问题后，逐一对问卷初稿中的毛病进行认真分析和修改，最后才能定稿。在对修改后的问卷进行印制的过程中，同样要十分小心和仔细。无论是版面安排上的不妥，还是文字、符号上的印刷错误，都将直接影响到最终的调查结果。只有经过了试用和修改，并对校样反复检查后，才能把问卷送去印刷，并用于正式调查中。

 小思考

调查问卷设计的程序中，为什么中间还要有"试用"这个步骤？

第四章　问卷调查法

第三节

调查问卷的基本结构

一份设计全面、完整的调查问卷，不仅可以反映研究者的研究思路、研究理念，而且是研究者某些问题设计技巧、设计方法的体现。调查问卷如同研究者撰写的论文一样，也有着一定的结构。通常来说，调查问卷主要包括问卷题目、引言、指导语、问题与答案、结束语等几个部分。

一、问卷题目

通常来说，根据调查的目的，调查问卷中应该包括一个能够反映调查对象、概括调查内容的题目，如"新时代农民在农村创业的选择意向调查问卷""某村合作社的经营情况调查问卷"。这样的问卷题目既清楚，又有特色；既简洁，又具体。而且通过调查问卷的题目，大概可以知晓这个问卷的调查对象是谁，基本的调查内容有哪些。用一个题目来表达所有要调查的内容可能不太现实，也可以仅用"调查问卷"这样一个笼统的题目来反映所有的调查内容，但是调查总问卷中的子问卷必须要有具体的题目来反映调查对象和内容，这样才能使设计出来的调查问卷条理清楚、调查内容布局有序。

二、引言

问卷的引言部分主要是用来述说该项调查的目的、意义、主要内容、调查类型或方式；向调查对象提出填答问卷的请求或希望；表达问卷调查的匿名性和保密性原则；向调查对象阐明问卷回复的时间和方式；说明问卷调查活动的承办单位、组织或个人的身份等。

引言的主要作用是引起调查对象的重视和兴趣，打消调查对象在填答问卷时的一些顾虑，增进调查对象对问卷调查活动的理解，争取他们的支持和合作。因此，引言表达应尽量言简意赅，不要太烦琐。引言一般在问卷的开头，如果引言较长，或者需要解释的问题比较多，那么也可单独成为问卷的一封附信，附在问卷前面。例如，"新时代农民在农村创业的选择意向调查问卷"的引言如下："您好！我是某市政策研究处的调查员。为了更好地了解在农村中农民对创业的意向与选择，为创业提供相应的支持与帮助，特别展开这次调查。您的反馈信息将会为我们制定新政策提供基础依据，非常感谢您抽出时间填写这份调查问卷！"如果问卷是一份访问调查问卷，那么还应该在问卷的附信或引言的下方印上其他与调查活动相关的内容。例如，

调查时间：　　　　　　　　　　问卷编号：
调查者姓名：　　　　　　　　　被访问者合作情况：
核查员姓名：
　　　　　　　　　　　　　　　__年__月__日

三、指导语

指导语是用来告诉调查对象如何正确填答问卷，或提示调查者如何正确完成问卷的方法和要求的语句。具有一般指导意义的指导语，可以放在引言或附信中，并标上"填答说明"的标题，其作用是对填答的方法、要求、注意事项等做一个总的说明。具有特殊填答意义的指导语，可以放在问题的后面。指导语有下列主要作用。

第一，限定问题选择或填答的范围，如"若无特殊说明，每一个问题只能选择一个答案"，这个指导语告诉调查对象只能选择一个答案。

第二，给出问题填答的方法，如"请在被选择答案处打'√'，或者在空白处填上适当内容"，这个指导语是告诉调查对象如何填答问题的。

第三，提出问题填答的要求，如"填写问卷时，请不要与他人商量"，这个指导语告知调查对象在填写问题的时候不要与他人商量。

第四，指出问卷填答的次序，如"此题若选择'不是'，采访即可结束，或是请直接跳至第几号题"，这个指导语告诉调查者和调查对象，如果选择了"不是"这一回答，即可结束调查采访工作或是跳题。

被调查者如果在问卷填答中产生了疑问，调查者要给予一定的指导和说明，而且指导语要简单易懂，不能过于复杂，否则容易造成二次难以理解的问题。

四、问题与答案

问题与备选答案是问卷的主体部分，调查者通过问题和答案来收集关于被调查者的资

料。尽管每项调查所使用的问卷各不相同，但是从问题和答案的内容和形式来看，它们都存在某些相同或相似的地方。

1. 依据回答方式的问题分类

（1）封闭式问题　是指把问题的可能答案以选项的形式全部罗列出来，被调查者只需在所给出的答案中选出自己的最佳答案的一种问题。例如，

新农村建设中您最关心的事是：（　　）

A. 收入增加、生活改善　　　　B. 民主管理　　　C. 村容整洁　　　D. 乡风文明

选项可设为选择一项最佳答案，如 A，也可设为多项选择和不定项选择，视问卷的要求而定。有时为避免遗漏信息，选项中可以设置"其他"选项，这样的问题也被叫作半封闭式问题。

问卷设计中的封闭式问题的优点是：备选答案是已经设计好的、标准化的，被调查者只是从备选答案中进行选择或者进行简单的填空，容易回答，节省时间，文化水平较低的被调查者也能独立完成，应答率较高。对于一些敏感的问题，如经济收入等，被调查者可能不愿意说出自己的情况，用等级的方式划出若干等级，让被调查者选择，可能获得真实的答案。封闭式问题收集的资料易于编码和统一归类，便于统计分析和比较。但其缺点也明显：某些问题的答案不易列全，被调查者如果不同意调查表中列出的答案，就可能无法表达自己的真实意见；填答方式比较机械，缺乏弹性，不能询问比较复杂的问题，难以发挥被调查者的主观能动性；问卷填写比较容易，给被调查者提供了猜测和随便选答的机会，因此可能降低回答的真实性和可靠性。

（2）开放式问题　是指在问卷中调查者不为被调查者提供具体答案，由被调查者根据自己的实际情况自由回答的问题。如果调查者对被调查者的态度等资料知之不多，或者问题的备选答案无法穷尽，这类问题就可以设置为开放式问题。

开放式问题的优点是：激发自由思维，阐明被调查者的观点，引出建议，因此能收集到生动、丰富的资料；被调查者之间的一些较细微的差异能在一定程度上反映出来，甚至得到意外发现。但回答开放式问题需耗费较多时间和精力，被调查者必须回忆过去并整理组合后找寻适当的词语来表达。开放式问题要求被调查者有较高的文化素质，需要理解题意，思考答案，然后表达出来。为避免不完全的或不相关的回答，常常需要必要的启发。由于许多人不习惯或不乐意用文字表达自己的看法，往往导致应答率低。另外，调查问卷是用于统计与分析，而开放式问题往往无法归类编码，难以建立有意义的变量做统计分析。

2. 依据内容的问题分类

（1）背景类问题　主要用来收集关于被调查者的基本情况等信息，如性别、年龄、学历、婚姻状况、职业、职务等。每个人的思想状况、行为态度都与其生活环境、个人经历息息相关，背景类问题是问卷问题结构中不可或缺的内容。

(2) 行为类问题　主要询问被调查者过去已经做过或者现在正在做的事。例如，您选择消费的地点是：(　　)

A. 总在乡镇的市场上

B. 一般在乡镇的市场上，偶尔去城里商场

C. 一般都到市里去买，偶尔在乡镇上买

(3) 态度类问题　是被调查者对某些客观事物的认知和看法，反映被调查者的主观认识和感受，包括好恶、意见、评价、动机、价值观等。例如，

请问您对您村村干部的工作有何评价？您觉得加入新型农村合作医疗保险好不好，为什么？

五、结束语

问卷的结束语一般采用两种表达方式：

一是在调查问卷末尾，用简短的语言对被调查者的合作再次表示感谢，并请求被调查者复核填答好的调查问卷。这一表达方式的目的在于，显示调查者首尾一贯的礼貌，督促被调查者消除差错答案，保证问卷调查的质量。例如，可以在问卷末尾加上这样一段话："我们衷心感谢您对我们此次问卷调查的支持与合作。为了保证资料的完整与翔实，请您再复核一下填答过的问卷。谢谢！"

二是在问卷末尾，提出 1~2 个关于本次调查感受等方面的问题，征询被调查者的意见。例如，"您填完问卷后对我们这次调查有何感想？""您还有什么需要补充的吗？"或是提出本次调查研究中的一个重要问题，请被调查者发表评论。

第四节
设计调查问卷

一、调查问卷的提问语言设计

问卷所要调查的资料，由若干个提问的具体项目组成。因此，如何科学准确地提出所

要调查的问题，是问卷设计中十分重要的一步。

1. 题目不宜过长

从整体上看，一份问卷中的内容不宜过多，不必要的问题不要列入。很多初学调查或问卷设计的人，往往以为多一道题可多得一份资料，所以会询问一些不必要的问题，这不但会浪费时间和资料处理的费用，有时也会因问题过多使被调查者感到厌烦，影响整体调查的质量。提问项目即问卷中的问题，其设计将对调查质量有着重要影响。

在设计提问项目时，需要注意以下几点：

（1）提问的内容尽可能短。

（2）用词要确切、通俗。

（3）一项提问只包含一个观点。

（4）避免诱导性提问。

（5）避免否定形式的提问。

（6）避免敏感性问题。

如果提问的问题太长，不仅会给被调查者的理解带来一定的困难，也会使其感到厌烦，从而不利于其回答问题。特别是访问调查中使用的问卷，若提问的部分过长，会使被调查者忘记开头的内容，更不利于对整个问题的理解和回答。

2. 用词要确切、通俗

（1）**用词要确切** 问卷中的用词一定要保证所要提问的问题清楚明了。

（2）**用词要通俗** 用词必须是被调查者知识、能力所及的。由于被调查者的文化程度不同，问卷中的用词要通俗、易被人理解，避免使用过于专业的术语。

（3）**避免含混不清的字眼** 在保证问卷语言简练、通俗易懂的同时，还要注意表述清晰明确。

（4）**尽量不要使用术语、缩略语或特殊用语** 为保证所有的被调查者对问题都有一致的清楚理解，问卷中应尽量不要使用术语、缩略语或特殊用语。

（5）**避免双重否定的句式** 一般来说，人们倾向于用肯定的方式来进行思考，如果用双重否定的方式表达，就会无形中增加思维推理的程序，因此应该避免使用双重否定的句式。

（6）**避免产生歧义** 上文提到问题的设计要保证所有被调查者的理解是一致的，所以在设计问卷时，还要从表面上看这些问题有没有什么不妥之处，要仔细斟酌。

二、调查问卷的答案设计

大多数问卷往往是由封闭式问题构成的，答案是封闭式问题非常重要的一部分，答案设计的优劣直接影响到调查能否取得成功。在设计答案时，除了要保证答案与问题匹配、语言要通俗易懂之外，还要考虑以下三个方面。

1. 穷尽性

穷尽性是指备选答案包含了所有可能的情况，被调查者能在所给的选项中选出符合自己情况的答案。例如，

您对当地政府就农业结构调整所做的工作评价怎样？（　　）
A. 很满意　　B. 比较满意　C. 不满意　　D. 很不满意　E. 无所谓　　F. 不知道

对于任何一个被调查者来说，问题的备选答案中必然有一个是与被调查者的情况基本相符的。如果被调查者在备选答案中找不到与自身的情况相符合的选项，就说明所列出的备选答案不是穷尽的。在有的问题中，备选答案很难穷尽，这时可以在所罗列的答案中设计个"其他"选项，一般设置在末项，这样便于被调查者在所列出的"其他"项中填写与自身情况较为符合的答案。

2. 互斥性

互斥性是指同一道题目的答案是相互排斥的，答案之间没有交叉重叠，否则就会出现有很多个答案符合题目的情况，被调查者就会无所适从，不知道应该选择哪一个答案。例如，

请问您的职业是什么：（　　）
A. 公务员　　　　　　B. 教师　　　　　　　C. 农民
D. 医生　　　　　　　E. 工人　　　　　　　F. 其他事业单位工作人员

如果选择 B 和 F，即一位在公办学校教书的教师既可以选择"教师"，又可以选择"事业单位工作人员"选项，那么这道题的答案就不具有互斥性，肯定影响到调查资料的准确性。

3. 符合现实

除了要设计规范、标准的答案外，还要注意答案的设计要符合现阶段社会经济发展的现实，才可以取得较为准确的资料。

三、调查问卷的数量与顺序设计

1. 确定问题的数量和顺序

在实际调查中，设计者在确定问卷题目的数量时，要综合考虑调查对象的特征、研究

者拥有的调查经费和调查人员安排等因素。问题的数量必须合理，应该既能保证搜集到全面的资料，又尽量使问卷简短，同时也要尽力使问卷整体连贯、和谐生动，能调动被调查者的积极性。实际调查经验表明，问题不宜太多，问卷不宜太长，通常应使被调查者能在20～30分钟内完成回答。问卷太长容易导致被调查者的畏难情绪和厌倦感，影响问卷的填答质量和有效回收，同时也增加了调查成本。

确定了问题的数量之后，还要合理地安排题目的顺序。问卷设计者在编排问题时主要考虑两点。一是便于被调查者思考，不至于造成思维的跳跃和阻碍。二是降低被调查者放弃回答的可能性。要根据调查对象的心理特点，从一般性的问题引导至特殊性的问题，按照易于为调查对象所接受的顺序排列问题。

① 把简单的易于回答的问题放在前面，把复杂的不易回答的问题放在后面。

② 把能引起被调查者兴趣的问题放在前面，把容易引起被调查者紧张或者产生顾虑的问题放在后面。

③ 把被调查者熟悉的问题放在前面，生疏的问题放在后面。

④ 一般先安排行为方面的问题，再安排态度、意见、看法方面的问题。

⑤ 个人背景资料一般放在开头，但有时也可以放在结尾。

⑥ 在询问敏感性问题之前，可以先询问一些相关的问题作为铺垫，以降低被调查者的戒备心理。

⑦ 若有开放式问题，应该放在问卷的最后。这样的排列方式，符合人们的答题习惯，也比较容易保证回答的连续性，保证问卷质量的优良。

2. 相倚与跳答

在问卷中，有些问题的回答必须依赖于前一道问题的答案，这样的问题被叫作相倚问题，前一个问题被叫作过滤性问题或者筛选性问题。被调查者是否需要回答相倚问题，要根据被调查者对筛选性问题的回答情况而定。例如，想要询问农户每年的教育支出是多少，必须先询问农户家是否有孩子在读书，如果农户家没有孩子在读书，那么后一个问题就没有了询问的必要。后一个问题必须依靠前一个问题的回答是肯定的情况而提出。

对于相倚问题，需要做出一定的跳答提示，以帮助被调查者正确回答问题。例如，

请问您家今年收获的粮食有没有出售？（　　）

A. 有　　　　　　　　　　　　　　B. 没有

请问今年出售的粮食获得的经济收入为多少？（　　）

有的问题可用箭头作为跳答提示，还可以用文字作为跳答提示。

 **小思考**

> 在调查问卷的提问语言设计中，需要注意些什么？

第五节
实施问卷调查并进行评价

一、问卷调查的实施

问卷调查的质量不仅取决于问卷的设计，也取决于问卷法的实施和各个环节的工作。问卷调查实施的一般步骤是：选择调查对象、分发问卷、回收和审查问卷、对问卷调查结果进行整理和分析。

1. 选择调查对象

根据调查目的、性质和要求，合理选取调查对象，确定调查对象。需要特别指出的是，由于问卷调查的回复率和有效率不可能达100%，因此，选择的调查对象要比研究对象多，具体应选取多少主要取决于问卷的回复率和有效率。其计算公式为

$$调查对象 = 研究对象 / 回复率 \times 有效率$$

例如，农林经济管理某研究中心的研究人员想要了解贵州省某地农民人均收入情况，拟采用问卷调查。其中，调查对象可以这样确定。假设研究对象需800人，按以往经验，问卷回复率估为80%、有效率80%，则调查对象可表示为：调查对象=800÷0.80×0.8=1250（人）。

2. 分发问卷

问卷设计完成、印制、组织好调查人员、选择好调查对象以后，就可以发放问卷了。前面已经介绍过，问卷发放的方法主要有：邮寄问卷法、报刊问卷法、送发问卷法和访问问卷法等。问卷的发放可利用上述提到的方法进行。

3. 回收和审查问卷

问卷的回收是问卷调查的一个重要环节，如果采用的是自填问卷法，调查人员在寄发

或分发调查问卷时几乎不能对问卷的填答质量进行有效控制。因此，在问卷回收时要当场粗略地检查填写的质量，主要检查是否有漏填或明显的错误，以便能及时纠正，保证问卷有较高的有效率。这项工作最好由调查人员本人亲自在场指导，或者向委托人提出明确的要求。

4. 对问卷调查结果进行整理和分析

在问卷调查中，经常会遇到无回答或无效回答的情况。这里无回答是指各种问卷发放出去以后，由于种种原因而没有收到回答的情况；无效回答则是指在回收的问卷中，某一问卷、某一部分或者单个问题的回答是不符合要求甚至没有回答的。对于这两种情况，调查人员应当对问卷进行整理并分析其产生的原因，提出解决措施。

二、问卷的评估法

问卷的评估法有两种，分别是主观评估法和客观评估法。主观评估法就是邀请相关专家和人员对问卷进行评估；客观评估法则是根据调查的情况对问卷质量进行评价。

1. 主观评估法

一般来说，当设计好问卷的初稿后，可以打印 20 份左右发给相关人员，然后请他们对问卷的结构、问题和答案的设计等各个方面提出评论和修改意见。这些人员主要包括：

(1) 问卷设计专家　指那些长期从事问卷设计工作的专业人员。

(2) 调查方法专家　指对社会研究方法尤其是问卷调查法有独特专长的人，他们无论在理论知识上还是在实际调查经验上，都可以给问卷设计者提出有用的建议。

(3) 心理学家　他们可以从专业的角度了解被访者在填答问卷时的心理，而充分考察被访者的心理有利于设计出一份适合他们的问卷。同时，心理学家在量表的设计和评估方面更加严谨规范，因此，当问卷中涉及量表的运用时尤其需要听取他们的建议。

(4) 研究内容领域的专家　指该问卷研究的内容方面的专家或权威，因为他们对该研究领域非常熟悉，对核心概念、基本理论等各方面都有较全面的了解，在概念操作化和策略方面可以给予建设性意见。

(5) 典型的被访者　除了各方面的专家外，还可以邀请一些典型的被访者对问卷进行评估。这里的典型是指他们在该问卷研究的内容上具有非常突出的表现。

通过对上述各类专家和被访者的评论意见，尤其是他们对问卷设计中存在的一致问题认识的收集，有利于对问卷进行修改，从而提高问卷的质量。

2. 客观评估法

客观评估法是将问卷初稿打印20～50份，然后按照方便的原则从正式调查对象的总体中抽取一部分，按照正式调查的要求和方式发放问卷，即对问卷进行试调查。这是正式调查的"预演"或"彩排"，它可以帮助调查者从客观上对问卷质量进行检验，这种"预演"的结果是调查者评价的关键。将试调查问卷回收后，调查者要进行相应的检查和分析工作，主要有以下几个方面。

（1）漏填的情况 即回答不完全，通常有两种情形：一种是对问卷中的部分问题没有填答；另一种则是从问卷的某处开始，整个后半部分都没有填写。如果只是若干个问题遗漏，那么就要仔细分析可能的原因，从问题的内容、形式，到答案、语言、填答说明和排版等方面进行检查，找出没有填答的原因。如果是从某个问题开始后面所有的问题都未填答，那可能是中断的部分连续有几个比较复杂或者敏感的问题，导致被访者中途放弃填答。

（2）错填的情况 问卷中填答错误的情况包括两种，一种是内容上的，另一种是形式上的。内容上的错误是指被访者"答非所问"或者"逻辑错误"。这种错误有可能是被访者填答过快或者不够仔细等造成的，也有可能是因为被访者对问题含义不理解或者误解。因此需要检查问题的表述和语言是否通俗易懂，概念是否清晰、明确、具体，或者问法是否存在歧义等。形式上的填答错误往往是问题形式过于复杂或者指示不清造成的，所以要尽量简化问题形式，并说明填答方式。

（3）回答无变化的情况 根据经验，这种情况往往是被访者的态度不够认真的表现，我们可以检查调查方式以及封面信等方面的问题。当然，如果是在正式调查中出现这种情况，当这样的填答占了问卷一半以上的比例时，则需要将问卷作为废卷处理。

比如某位被访者在填答时都选择了同一个序号的答案。尤其是那些态度、量表问题，很多被访者不想一个一个项目去看，就勾选了相同的答案，或者有的人干脆在一列答案上打上一个大大的钩，表示他选择的都是这一个答案，那么这个答案的真实性是值得怀疑的。为避免这种情况，要对这样的问题提前进行分析，尤其是要检查问题是否存在倾向性，答案的分类是否有交叉，答案类型划分是否过少，等等。另外，除了对问卷的填写进行检查外，还有两个相对客观的指标用来评价问卷的质量：一是问卷的回收率；二是对问卷的信度和效度进行计算。这就需要先将调查问卷的结果录入SPSS统计软件的数据库中，然后利用软件进行信度和效度的计算。

本章小结

问卷调查法是调查者利用一份精心设计的调查问卷，由调查对象填写或者由调查对象回答、调查者填写的方式进行资料搜集的方法。问卷调查法中的关键技术是问卷设计。依据问卷调查途径的不同,问卷调查可以分为:报刊问卷调查、邮政问卷调查、送发问卷调查、网络问卷调查和访问问卷调查。问卷设计的方法一般有卡片法和框图法两种。调查问卷通常由题目、引言、指导语、问题与答案和结束语等几个部分构成。调查问卷所选择的问题必须是有效用的、符合客观实际情况的、易于理解和被真实回答的。问题的表述要求是:表述问题的语言要通俗,表述问题的词语要准确,表述问题要简短,表述问题的方式要恰当。同时,问卷调查法的实施要注意几个关键方面:选择适当的调查方法,审查回收问卷的质量,努力提高问卷的回收率,对问卷调查结果进行整理和分析。

思考与练习

1. 问卷调查法有哪些类型?
2. 访问问卷调查法适合进行农村经济调查吗?为什么?
3. 问卷设计的要点有哪些?
4. 简述问卷问题的分类。
5. 请以小组的形式做一个关于"农村家庭的收入来源情况"的问卷调查(要求:问卷题目不得少于15题,其中开放式问题不得少于3个;样本数量要在50个以上;问卷回收率不得低于75%)。

PPT 课件

第五章
实地观察法

学习目标

1. 理解实地观察法的概念。
2. 掌握实地观察法的方法。
3. 运用实地观察法的技巧。

思政与职业素养目标

培养吃苦耐劳、无私奉献的意志品质。

实地观察乡土中国　助力古村获得新生

大家想象两个场景：一个是老屋破败，空心化严重；另一个是繁茂的花草环绕下，修葺了新的传统古屋，村里人气旺盛，一派兴旺景象。这两组对比鲜明的场景其实是同一个地方——安徽省黄山市休宁县祖源村，而这如此巨大的变化就发生在短短两年间，是什么力量让这个古村落快速焕发了生机呢？

我国有很多像祖源村这样的传统村落，这些地方风光秀丽，历史悠久，有着独特的文化价值。如何才能让这些传统村落的价值被人们重新发现？如何才能让这样的传统村落不再衰败下去？从2012年开始，我国启动对传统村落的调查，已经公布了6000余个传统村落，这些传统村落的保护和开发也越来越引起各级政府的重视。

2015年，在当地政府牵线搭桥下，上海一家建筑管理公司的负责人来到了祖源村。一到祖源村实地观察，该负责人就被吸引住了，而吸引他的正是村里那些40多套破旧不堪的空置老屋，这些房子都已经半倒塌。但他认定这里又有山又有水，又是一个典型古村落，肯定是很好的一个建设项目,应该把它们抢救一下。很快,该公司和休宁县政府签订了改造祖源村的合同,第一步先租赁了山上30栋已经废弃的民宅,开始传统村落改造工程。现在祖源民宿有30栋楼、60间客房,可以同时容纳100多人入住。除了住宿之外,还有会议室、餐厅、酒吧、茶室等配套设施。房间里虽然是各种现代设施,外观上则完全是徽州古村落的传统风貌,旧屋的一砖一木都被充分保留利用。2019年,祖源村的人均收入达到17000元,几乎是2016年的3倍。这些老村、老街、老房、老窗又有了新的活力。

启示:多方努力、多措并举,通过实地观察使更多的人了解农村发展现状,找准最适合本地的致富门路,让村民成为建设村庄的主力军,实现振兴乡村的大目标。

重点导读

在农村社会经济调查中,需要通过实地观察以取得第一手翔实的资料和信息,实地观察法是农村社会经济调查中搜集资料的基本方法之一。

第一节
实地观察法的含义及分类

实地观察的观察者(调查者)需要深入农村实地,在社会经济处于相对自然状态的情况下,观察调查对象的现状、行为、状态。

一、实地观察法的概念与特点

1. 实地观察法的概念

所谓实地调研,就是指调查者与调查对象面对面,亲自搜集第一手资料的过程。简单来讲,观察就是一种"看"的过程,调查者运用自身感官到实地进行观察得出结果。实地观察法是指观察者有目的、有计划地进行资料搜集,并借助自己的感觉器官或辅以科学仪器,能动地了解自然状态下的社会现象,并加以分析研究,从而获得对问题较深入的认识,得出结论的方法。在实地调查过程中,观察法作为农村社会调查中搜集资料的一种科学方法，有其独有的特点。

小思考

> 观察法就是指就调查对象的行为、状态和过程，调查者边观察边记录以收集信息的方法。这句话对吗？

2. 实地观察法的特点

（1）观察是为了进行科学研究　科学观察与一般的观察不同，它是有目的、有计划地进行观察，是为了实现某一特殊目的而进行的。

（2）观察具有目的性　观察法是根据研究课题的需要，为达到研究目的、解决某一问题而进行的。因此，在前期制定调研方案的过程中，就有了明确的观察目的，从而制订出详细的观察计划，进而确定了观察的范围及方式。例如，在对当地农民生活状况进行调查中，调查者的目的就是要了解当地农民的生活水平，了解他们目前是处在贫困、温饱、小康还是富裕水平上。这就要求调查者在进入某个村镇时，注意观察当地房屋、街道，以及农民的吃穿用度和日常开支，并选取参与式的观察方式，与当地农民吃住在一起，融入当地农民的生活中去，从而找到为研究目的服务的第一手资料。

（3）观察具有广泛性　观察法广泛适用于各种各样的场合和情境，它的观察对象也是包罗万象的，包括人们的行为、各种社会现象等。

（4）观察活动是一个单向交流的过程　观察法就是观察并记录自然状态下的社会现象的一种方法。因此，它要求观察对象必须处于自然状态下，即在一种不被干扰的情境中。观察者只能通过观察对象的行为、态度和表现来推测判断问题的结果，因此，它与访谈法那种需要访问员与被访者之间双向交流的方法不同。

（5）观察活动需要语言文字描述过程　观察法需要的不仅仅是"看"的过程，它还需观察者用语言文字去记录。只有用语言文字描述和记录下来的观察结果，才能真正重现当时的观察情况，才能在事后对整个课题的研究提供第一手最真实的资料，从而做出科学判断。

（6）观察活动需要一定的观察工具　观察活动中除了需要人类自身的感觉器官，如眼睛、耳朵、鼻子等，还需要观察设备，如照相机、录音笔等。

（7）强调观察结果的客观性和可检验性　在实地观察中，观察者可选定观察对象，通过反复观察，或综合运用其他搜集资料的方法，获取客观的资料，并且对观察结果加以对照和检验。

3. 使用实地观察法的必要条件

所需信息必须是能够观察到的,即必须是行为性、事实性的现象;所需信息必须能够从观察的现象推断而来;所要观察的行为必须是重复、频繁发生的,而且存在某种规律。

二、实地观察法的分类

按照观察者是否参与观察对象的活动,实地观察法可以分为参与观察和非参与观察;按照观察中是否对观察内容有统一要求,实地观察法可以分为结构式观察和非结构式观察;按照观察中观察对象是否是现实生活的真实反映,实地观察法可以分为直接观察和间接观察;按照研究的不同阶段,实地观察法可以分为描述性观察、聚焦性观察和选择性观察。

(一)参与观察与非参与观察

1. 参与观察

参与观察,是指观察者直接参与观察对象所处的农村社会群体中,以群体正式成员的身份参与各项活动,并同时从群体内部观察调查对象的一种方式。根据观察对象对观察者身份的识别程度,参与观察可分为完全参与观察和不完全参与观察。观察者可以分别被称作农村社会经济活动中的完全参与者和名义参与者。

(1)完全参与观察　完全参与观察是指观察者完全参与观察对象所处的社会群体中。观察者在不暴露真实身份的前提下,真正参加(或假装参加)到社会团体或社会活动中,通过完全的参与来观察调查对象各方面情况的一种方式。

在这种社会调查活动中,观察对象常常把观察者看成自己人,对其不存戒心,这样就使观察对象始终处在一种自然状况下,行为表现就最为真实、自然,从而使观察活动真实而生动,能够真实地反映观察对象的情况。例如,在农村观察者以"合作伙伴""帮工"等身份,参与部分先富起来的农户的生产经营实践活动中,了解农户的生产经营情况及经济状况,常常可以取得较真实的材料。

(2)不完全参与观察　不完全参与观察是指观察者虽然参与到观察对象群体中,但是其身份是暴露的,观察者始终处于半"客"半"主"状态的一种观察方式。例如,党政干部或调查人员到农村基层去,与农民朋友同吃、同住、同劳动,同时进行各种农村社会经济现象或行为的观察。这种参与程度很高的观察,能够消除观察者与观察对象之间的隔阂,使其习惯观察者的存在,显露出真实自然的状态,使观察活动达到预期的效果。

2. 非参与观察

非参与观察，又称为局外观察，是指调查人员作为观察者，不加入观察对象的群体，不参与观察对象的活动，完全以局外人或旁观者的身份进行观察的一种方式。根据观察对象对观察者身份的识别程度，非参与观察可分为交往型的非参与观察和不交往型的非参与观察。

（1）交往型的非参与观察　在交往型的非参与观察中，调查人员的身份是公开的，但调查人员不参与观察对象的群体及其活动，只是作为观察者，在与观察对象进行交往的过程中对其进行观察，以达到调查的目的。

在这种观察方式中，观察者由于没有参与观察对象的群体和活动中，所以一般不容易受到观察对象的群体规范、价值、情感等多种因素的影响，判断比较客观。反过来说，不参与也会使观察者无法深入观察对象的群体活动中，因此往往会忽略掉实际生活中某些方面的问题。

在农村社会调查中，如果仅仅对观察对象进行短期调查，那么这种观察方法也是有效的。它能在较短时间内，使观察者对观察对象做出一般性的观察，取得感性认识，并发现问题，得出一些概括性的结论或假设。

（2）不交往型的非参与观察　在不交往型的非参与观察中，观察者一方面不向所观察的对象暴露自己的真实身份，另一方面也不参与他们的群体和活动，作为纯粹的旁观者对调查对象进行观察。

在这种观察方式中，调查对象始终处在一种自然状态下，其社会经济活动和行为也是本色表现，不会受到调查者观察动机和行为的影响；同时，调查者作为观察员，也会保持客观的立场，尽量不受观察对象的行为、观点、言行等的影响。但由于在实施观察方法的过程中，观察者和观察对象所处距离比较近，对感受到的现象和发现的问题有时难免会出现自我判断和立场倾斜性问题，这时要求调查者尽量保持冷静，尽可能保持客观的心态，只听、只看，不发表议论，不表示兴趣。

 江西新余渝水区农村固定观察点工作

江西省新余市渝水区姚圩镇彭家村是一个有着460多户、1470多人口的大村庄。1984年，为直接了解农村改革和各项建设动态，中共中央农村政策研究室、国务院农村发展研究中心在全国选择了360个具有代表性的村庄作为固定观察点，开展农村社会经济典型调查。1985年，彭家村成为新余市唯一的全国农村固定观察调查点。固定观察调查点随机抽样50户农户作为调查户，按照"真实、全面、及时、工整"

的要求，逐日逐笔地记载其家庭发生的现金收支、实物账目等经济状况，积累了丰富的社会经济数据。多年过去了，固定观察点调查的一串串数据，翔实记录了湾里彭家村的经济社会发展变化史。

观察调查点的调查人员，每个月都要去一次固定观察点了解情况，每个季度都要对调查数据进行统计汇总。他们每个月在固定观察点至少要住上半个月，第四季度还要住上一个月才能完成任务，吃住在村民家里。白天，他们有时和调查户一起在田间劳动，有时在村里统计数据、制表格、写情况反映等调查报告。晚上，他们串门与村民拉拉家常，宣传党的政策，指导调查户记好账。当时，调查人员所从事的调查工作比较辛苦，办公及生活条件差，数据统计用算盘，表格、总结材料、调研材料要刻钢板油印出来，晚上照明用煤油灯。

正是因为一代又一代调查人几十年的坚持，农村固定观察点完成了大量调查任务，比较完整地记录了农村改革发展历程，真实准确地记录了农村经济发展和农民生产生活的点滴变化，现已成为中央和各级党政部门了解村情民生和研究农村动态的一个重要"窗口"，为各级政府掌握农村经济运行情况、研究制定农村政策，有效发挥了决策参考和咨询作用。

启示：全国农村固定观察点调查体系是根据中央有关要求建立的农村社会经济典型调查系统，自 20 世纪 80 年代运行至今，积累了丰富翔实的调查数据，已经成为集常规调查、专项调查、动态监测和分析研究于一体的重要农村调查体系。在新的时代，我们要发扬老一代调查人员不怕困难、艰苦奋斗的精神，做好农村社会经济调查的各项工作。

（二）结构式观察与非结构式观察

1. 结构式观察

结构式观察，也称为有控制观察，是依照较严格的观察计划和程序实施观察的一种方式。观察的内容、结构都有严格的要求，往往统一制订观察表格或卡片，并受到一定程度的控制。所谓的控制是指调查中观察的内容和项目是统一设计的，观察场所和基本的条件具有统一的要求，观察使用的工具有统一标准的要求。

结构式观察的统一性要求观察的结果达到标准化的程度，以便于对观察结果进行定量分析和对比研究。因此，调查者要进行结构式农村社会观察，必须做好观察内容、项目、场所、手段等的设计，调查时按照设计好的程序和内容，直接进行观察。

2. 非结构式观察

非结构式观察是观察者根据研究目的的需要，对观察对象实施发散式观察的方式。非结构式观察事先并不需要规定观察的内容和程序，也不需要制订观察计划，只需要观察者事先有一个总的观察目的和要求，然后根据观察目的，确定观察对象。

在非结构式观察中，观察者可以充分发挥自身的主动性和创造性，灵活掌握观察的重点。其不足之处在于观察资料不系统、不规范，受观察者的个人偏好、观察技巧等因素的影响比较大，很难进行对观察结果的定量分析和观察对象之间的比较研究。因此，非结构式观察比较适合用在探索性调查研究之中。

除了结构式和非结构式观察，还有一种介于两者之间的半结构式观察。它是一种较非结构式观察相对严格，而较结构式观察相对宽松的观察方法。在半结构式观察中，观察者要根据观察提纲和观察标志（可观察的行为模式），对观察对象进行观察，察看观察对象是否有观察标志所标定的行为模式发生。半结构式观察提纲的制定并无一定的模式，调查人员会根据研究题目来决定观察提纲的内容和详尽程度。一般来讲，一个较为详细的观察提纲通常应包括观察对象、观察时间与场合、观察程序等。

 小思考

> 举例说明，结构性观察适合进行哪类调查？

（三）直接观察与间接观察

根据观察对象是否是活生生的客观现实这一标准，我们可以将实地观察分为直接观察和间接观察。直接观察是对现实存在的观察对象进行观察，以获取观察对象某一方面的真实社会行为反应的一种观察方式。间接观察是对与观察对象有关的自然物品、行为痕迹等进行观察，以间接了解和反映观察对象在过去某一历史时期所具有的社会经济状况和特征的一种观察方式。例如，观察者可以通过对所调查村庄的道路、住房、环境等情况的观察，粗略估计这一村庄的经济发展水平、生活水平和生活状态等方面的情况。再如，通过对各种古迹、遗址、博物馆文物等的观察，观察者可以对过去一定历史背景下的社会经济、政治、文化等现象有一定的认知。

（四）描述性观察、聚焦性观察和选择性观察

在研究的不同阶段，研究者（观察调查者）会使用不同类型的观察法，即描述性观察、聚焦性观察和选择性观察。

1. 描述性观察

研究者进入研究现场的初期，对情况缺乏整体把握，需要先进行一些以描述现场各方面特征为目的的观察。这些特征包括现场的环境、空间的大小、设施的布置甚至温度的高低，还有观察对象的数量、年龄、性别和精神状态。当然还要描述现场活动的类型、持续时间和对观察对象的影响。这些初步的观察主要是为了让研究者熟悉现场的情况，从中梳理出观察对象的行为模式。研究者一旦做到这一点，就可以预测现场将要发生的事情，观察就会变得比较从容。描述性观察获得的信息，有助于研究者分析资料，找出现象背后的原因。所以，在观察的初期，研究者要认真全面地记录观察的各方面细节。由于很多信息都是在重复出现，描述性观察不会持续太久。研究者通常只需要一两次观察，就可以进行比较全面的描述。

2. 聚焦性观察

当研究者逐渐融入研究情境，就可以开始将自己的观察聚焦。观察焦点的选择要参考以下几个因素：首先是具体的研究目的。研究者进入现场之前如果已经形成了研究问题，就可以尝试在观察中寻找问题的答案，这样自然会形成一些观察的焦点。如果研究是以建构理论为目的，研究者可以把现场出现比较频繁的现象作为观察的重点。这样会有助于在资料编码时形成一些概念类别。其次，研究者可以不预设太多的条条框框，纯粹依个人的兴趣来确定观察的重点。这时要特别注意，个人兴趣不能和研究方向有太大的偏差。最后，听取别人的建议也是确定观察焦点的好方法，特别是经验丰富的研究者所提供的建议非常值得参考。

3. 选择性观察

资料收集的中后期，研究者对观察的重点已经非常清楚。这时要做的就是选择性观察。选择性观察有两种情况：一种是研究者意识到现场的一个或几个现象对于研究有突出的贡献，所以加大对这些现象的观察力度；另一种是研究者发现收集到的研究资料有遗漏。

第二节
实地观察法的原则及优缺点

一、实地观察法的原则

为了保证实地观察的顺利实施和取得良好的观察结果，在实地观察过程中，观察者要把握实地观察的一些基本原则。

1. 客观性原则

所谓客观,就是从实际出发,根据现场的真实状况观察当时发生的事实,并如实地记录下来。调查者绝不能按照自己的主观偏好随意增减或歪曲客观事实,或者只注意观察和记录对自己调查有利的事实,而不去观察和记录对自己调查不利的事实。

调查者进行一项社会调查的目的就是搜集真实可信的资料,然后对这些反映实际情况的资料进行科学的分析,从而得出正确的结论。资料的真实、可靠是建立在调查符合客观条件这一基础之上的,实地观察因为接近客观实际而使其搜集到的资料对指导实际工作的意义更大,所以强调客观性也尤为重要。

2. 全面性原则

所谓全面,就是任何社会经济问题和现象都呈现出多种属性,观察者应该从不同的侧面、角度、层次,对观察对象进行观察,以把握和了解观察对象的全貌。例如,在内蒙古自治区科尔沁地区调查了解草场沙化的情况,调查者不仅要实地察看草场沙化的现状和程度,而且要实地察看农牧民朋友的生产和生活情况,同时还要辅以访谈等其他调查方法,这样才能全面了解草场沙化的情况以及造成草场沙化的真正原因。

3. 深入性原则

所谓深入,就是在了解农村社会经济现象或问题的表象基础上,通过细致地察看细节发现问题。农村社会经济问题的成因是相当复杂的,因此要清楚隐藏在表象背后的深层次问题,就必须深入细致地观察社会经济现象或问题,进而找出关键的原因,促进农村社会经济问题的解决。全面通常是指观察的广度,而深入是指观察的深度。走马观花、浮光掠影式的观察是不可取的。仅仅停留在表象,而不经深入调研的错误结果或据表象结论制定出的政策,将误导农村社会经济的发展。

4. 持续性原则

所谓持续,是指对农村社会经济问题和现象的观察需要一个跟踪调查的过程,特别是对于许多复杂的社会现象来说,要得出正确的调查结论,就必须坚持持续观察,坚持长达数日、数月、数年,甚至更长时间的实地观察。如果观察者没有足够的心理准备,也许对社会经济问题或现象的实地观察就会被中途停止,这样研究工作就无法正常进行下去,就不能搜集到系统、完整的调研资料,甚至得出片面的、错误的结论。在农村社会调查中,要特别注意调查的持续性,农村社会经济问题由于观察现场的物质条件较差,观察起来更困难,更需要观察者做好充分的思想准备,付出更多的时间和精力。

5. 规范性原则

所谓规范,是指实地观察中调查者必须遵守的法律和道德原则。在实地观察中,观察者必须遵守规范性原则，特别要注意尊重少数民族地区的风俗习惯和宗教信仰，不能在未被允许的情况下私自进入民宅，不能偷看别人的信件，不能强求观察别人不愿被观察的事物或现象。总之，一切违反社会道德、法律规定的事情，均不被允许。这也对调查者提出了比较高的要求，在进行实地观察之前，一定要做好充分的准备，对当地的风俗、民俗等做一个较为充分的了解。

二、实地观察法的优缺点

1. 实地观察法的优点

（1）实地观察法可以实地观察现象或行为的发生，从而获取在自然状态下比较真实可靠的社会经济信息。

（2）实地观察法可以弥补其他方法的缺陷，特别适用于无法用语言沟通的调查对象。同时，对那些不愿意接受访谈、拒绝回答问题、不友善的调查对象，或者是认为问题过于敏感而不愿意回答的受访者，实地观察也是行之有效的调查方法。

（3）实地观察的资料是及时有效的，它不仅能直观地反映在当时自然条件下的社会现象，而且能及时、有效、同步地反映出在当时社会中存在的某些社会问题，为调查者及时地提出相关政策建议打牢基础。

（4）实地观察法简便易行、灵活、适应性强。这种方法的操作较简便，主要依赖于观察者的感觉器官，不需要花费太多的时间进行准备就可以进入调查实施阶段。

2. 实地观察法的缺点

（1）实地观察法搜集的资料往往具有表面性和偶然性。在实地观察中，观察者往往都是在特定的时间、地点、场合中进行观察的，观察到的很可能只是事物的表面现象，具有较强的偶然性。

（2）实地观察结果受观察者的主观因素影响较大。在实地观察中，观察者常常是用自己的标准来评判观察对象的行为，从而在一定程度上破坏观察结果的客观性。

（3）实地观察法获得的资料整理和分析的难度大，且难以进行定量分析。在实地观察中，观察者所得到的资料大多是人的感受，并且更多的资料都是事物的状况、性质、发展趋势等一些对社会现象的直接描述，难以量化。

（4）实地观察法中的观察对象和范围有很大的局限性，有的现象不能采用实地观察法。例如，通过观察并不能了解人们的动机、想法、情感等内在的东西。

第三节

实地观察法的实施程序和技巧

一、实地观察法的实施程序

在农村社会经济调查中，实地观察法的实施程序与其他调查方法一样，一般也可分为三个阶段，分别是准备阶段、操作阶段和整理阶段。

1. 准备阶段

准备阶段主要是明确观察内容，制订观察计划，做好观察前的准备工作。准备工作做得越充分，观察工作就会进展得越顺利，观察结果也会越客观真实。具体来说，主要的准备内容有：

① 明确观察的目的。

② 确定观察的对象。

③ 确定观察的方式、方法和手段。

④ 选择具体的观察地点，确定具体的观察时间。

⑤ 制定详细的观察提纲。

⑥ 选择并培训观察人员。

2. 操作阶段

操作阶段主要是指观察者深入农村实地，按照调查研究目的和内容的要求，对观察对象展开观察，收集调查资料的过程。

观察者应尽可能按照事先设计好的观察提纲或观察计划进行观察，即保证不同观察者收集的资料的一致性和有效性。为了保证操作阶段顺利完成，一般要注意以下几点。

① 进入观察现场，与当地的主管部门及观察对象建立友好的关系。

② 进行实地观察的时候，要注意及时、准确地做好观察记录。

③ 观察结束时，要有序地撤离观察现场。

3. 整理阶段

整理阶段的主要工作是审核、分类和汇总收集的资料，为进一步进行资料分析做好准备。

实地观察方法虽然也可以通过结构式观察获取标准化、规范性强的观察资料，但是与问卷调查方法相比较，实地观察中获取的很多资料都是比较零散的记忆性碎片资料，或者是一些录音、录像资料。因此，观察者在每天的实地观察任务结束后，就需要抓紧时间及时、准确地把这些资料补充、梳理清楚，将观察所涉及的日期、人物、事件、内容等录入计算机，使观察资料电子化，方便日后查阅和分析使用。这项工作任务非常繁重，是通过实地观察法搜集资料的关键环节。

二、实地观察法的实施技巧

实地观察有着很强的技巧性，掌握一定的观察技巧，有利于调查者尽快进入调查角色，创造宽松的调查环境，并顺利开展调查工作。

1. 如何顺利进入观察现场

在农村社会经济调查中，如何顺利进入观察是调查取得成功的先决条件。在我国，农村地域广阔，进行任何实地调查实际上都是非常困难的。在选定观察点后，为了保证调查的顺利，有必要做好以下几方面的准备工作。

首先，要与当地的相关部门取得联系，特别是深入农村基层进行调查，一般来讲，一定要与当地社区或主管部门的管理者取得联系，否则没有这些帮助，深入农村、深入农户之中进行调查的愿望就可能落空。在农村社会调查中，为了便于调查和打开局面，最好是与其隶属的乡镇政府取得联系，取得支持；除此之外，最好与在主管部门工作的熟人、朋友，或者在当地的亲戚、朋友等取得进一步联系，这样能更快地取得信任，获准进入观察现场，并能受到较好的接待。

其次，顺利进入观察现场的一些技巧是：强调调查的学术性，它不会给主管部门或当地社区带来任何的不利之处；如果经费允许，在当地的调查活动也要考虑是否能够给当地社区或农户带来一定的利益。实际上，时刻想着"我们能给所要调查的社区或农户带来什么"，这也是顺利进入观察现场的条件之一。

再次，调查者要随身带着介绍信、身份证、学生证等有效证件，在进入社区或现场时，在必要的时候主动出示证件，以取得当地调查对象的信任。

最后，去农村进行实地观察要选择最佳的进入时间，不要选择农忙季节和防洪抗灾时期。因为这些时期农民和乡村干部都很忙，没有足够的时间向调查者介绍情况，而且，调查者的进入也可能妨碍调查对象的正常活动。

2. 如何与观察对象建立友好的关系

观察者与观察对象之间建立友好的关系，是保障调查活动顺利进行的条件之一，也是参与式观察中最困难、最关键的一步。为了做好这项工作，要注意以下几点。

（1）打消观察对象的疑虑　要表明调查活动对他们的利益没有任何的损害。观察只是一种了解社会经济现象、进行科学研究的方式，在做这方面工作时，除取得政府组织的帮助外，还应重点选择当地有威信、有影响、有能力的观察对象作为突破口，先取得他们的支持，再通过他们向其他观察对象做必要的解释和说明。

（2）尊重当地的风俗习惯和道德规范　因为实地观察要在当地生活或长或短的一段时间，因此，为了更好地融入当地生活，且与当地观察对象建立友好的关系，尊重当地的风俗习惯和道德规范，顺应当地的生活方式是非常重要的。在进入观察现场之前，观察者就要熟悉当地社区或观察对象的饮食起居、服饰打扮、禁忌喜好、礼仪应酬等方面的习惯，进入现场后，更要注意尊重当地社区和居民的生活习惯。如果实地观察时间较长，则最好能学会当地的方言和俚语，这些都有利于观察者融入观察对象的生活中，便于交流和沟通。如果语言沟通有障碍，那么在进入现场之前，最好能够请到会当地语言、能够进行翻译的人员随行。特别是在少数民族聚集区进行调查时，更要注意这点。同时，在农村社会调查中，观察者在生活上要与观察对象及当地经济发展水平保持一致。

（3）尽可能参与到观察对象的各项活动中　即参加观察对象的各种活动，包括生产活动，并在力所能及的范围内帮助观察对象解决一些困难问题。在农村社会经济调查中，观察者可以吃住在农民家中，通过与他们共同生活和劳动取得信任。另外，若观察者吃住在农民家中，支付适当的吃住费用也是必要的。当然，观察者在参与各种活动时，要注意群体活动与个别接触相结合，有时在个别接触观察对象时，能获得一些公开场合不易了解的事情。同时，在观察中要向农民提供一些政策方面的咨询，以及经济、科技方面的致富信息，为农民解决一些实际问题，真正取得农民的信任。

（4）对某些事物要进行大量重复的观察　大量重复的观察是揭示事物内在规律的方法。

（5）注意观察对象的肢体语言和情感反应。

（6）把观察与思考、分析紧密结合起来　科学的观察不仅仅是被动地搜集社会现象，更重要的是对社会现象进行分析研究，找出各种现象之间的联系，得出有关结论。

3. 如何做好观察记录

观察调查时，如果不及时记录，时间一过，就可能忘掉许多观察到的细节，或者对真实情况的记忆就会模糊。因此，做好观察记录是很重要的。在使用实地观察法进行调查时，可以采用的记录方法主要有以下几种。

（1）同步记录　在进行观察的同时尽可能做好详尽的记录，同步记录则是信息丢失最少的一种记录方法。为了提高记录速度，可以采用速记方法记下当场的农村社会现象；同时，应适当记录下个人的一些意见、见解和想法，并使它与观察到的细节区分开。当然，现在的记录方式已经越来越科技化,很多记录可以通过摄像机、录音机等记录下来,然后进行整理。这样的记录方式更加灵活,对于信息的收集更加全面,丢失信息的可能性更小,这也弥补了手记可能带来的信息丢失问题。

(2) 事后追记　事后追记是采用记日记或单独事件记录的方式,将所观察的事件根据记忆,依照先后次序或事件的分类追录下来。事后追记是根据记忆补记所观察的情况,因此必须抓紧时间补记;否则,随着时间的推移,会遗漏掉一些具体的、关键细节的资料。

(3) 卡片记录　卡片记录是在观察时,及时在预先制作的观察卡片或表格上画记号。这种记录方法可以提高观察记录的速度和质量,有利于分类整理和对观察结果进行定量分析。

4. 如何减少观察误差

在社会调查诸多方法中,实地观察法因其直观性、可靠性、适应性和灵活性强,以及简便易行而被广泛采用。任何观察都会发生一定的误差,这也是实地观察法实施过程中需要克服的一大难题。在此,有必要对产生观察误差的原因和减少观察误差的办法做专门研究。

观察误差是指观察记录上的描述和社会行为的实际状况有偏差。无论观察是多么精确,都不可能会完全符合客观实际,总是会产生观察误差,关键就在于观察者怎样把观察误差控制在允许的范围内。

(1) 实地观察中误差产生的原因　实地观察中,由于观察者与观察对象之间缺乏互动交流,调查结果往往带有观察者的主观意识,因此总会不可避免地产生误差。

从观察者的角度分析,观察者的立场、观点、方法和角度不同,导致他们对同一对象观察出的结果和感受也大不相同,甚至还会截然相反。观察者的知识水平、人生经历、社会经验的不同,对同一对象的观察重点、观察结果也会发生很大的差异。观察者的兴趣、爱好和情绪等因素也会对观察结果产生影响。

从观察对象的角度分析,观察者作为陌生人突然出现在观察群体中,总会引起观察对象产生反应性心理,自觉或不自觉地去改变其日常的行为习惯,从而给观察者造成假象。

(2) 减少观察误差的方法　对于调查研究来说,如果观察出现了较大错误,那么这次调查就没有实际的意义了。因此,减少观察误差,把误差控制在可接受的范围内是非常重要的。一是提高观察者的素质,加强对观察者的培训;二是采用小组观察,进行多人多组同时观察,并重复观察次数,互相印证,纠正偏差;三是不带有偏见,要实事求是、客观公正地进行调查。

本章小结

实地观察法属于直接调查方法，是调查者直接深入现场或进入一定的情境中，利用眼、耳等身体感觉器官，或科学的观察仪器，直接观察调查对象，并且有目的地搜集相关资料的一种方法。实地观察法的实施程序包括准备阶段、操作阶段和资料整理阶段。实地观察法具有如下的特征：是有目的、有计划、自觉、科学的认识活动；观察是自然状态下的观察；观察结果是客观的、可检验的。实地观察法的应用要遵循客观、全面、深入、持续和规范等原则，在应用实地观察法的过程中，要注意学习和掌握调查技巧，扬长避短。

思考与练习

1. 什么是实地观察法？实地观察法有哪些特征？
2. 什么是参与观察？什么是非参与观察？
3. 采用实地观察法的时候，应该做好哪些准备工作？
4. 简要评述实地观察法的优点和不足。
5. 观察误差产生的原因有哪些？怎样减少观察误差？

PPT 课件

第六章
访谈调查法

学习目标

1. 熟悉访谈调查法的分类。
2. 掌握访谈调查法的实施程序。
3. 熟练运用访谈调查法进行调查。

思政与职业素养目标

通过访谈调查，培养尊重、耐心、细致的优秀品质。

电视节目记者访谈调查技巧

电视台调查类栏目的出镜记者担负着艰巨的任务，他有着多重身份——质疑者、交流者、见证者、验证者，同时还要和当事各方进行全面的、直接的交流，引领观众"亲历"调查全程。

采访调查并不像电视剧一样有固定的剧本，采访是没有固定章法的，但也并非无规可循。通常来讲，要重视提问的主要方法与基本技巧，才能少走弯路，事半功倍，在较短时间内更好地完成采访工作。记者有一些基本素质要求：敏锐的反应，对情景、场面、状态有敏锐的反应能力；机智的观察，在现场能够观察到事情的核心在什么地方，问题在什么地方；最后化成一个比较巧妙的表达方式，这是基本功。调查栏目对记者有特别的要求：第一，质疑的精神。记者必须要有怀疑一切的介入态度和打破砂锅问到底的工作作风。第二，平衡的意识。记者应该让事件中的冲突双方和不同的利益集团有平等的发言机会。第三，平等的视角。在记者面前，只有被调查者这一相同的身份，没有尊卑贵贱之别。第四，平静的心态。记者要多一份理性，少一份冲动，这会有助于对事物做出更准确的判断。

启示：在访谈调查中，调查者要凭着自己的勤奋、聪明，以及渊博的知识、独特的看问题的视角，形成独特的个人气质魅力、智慧魅力、形象魅力，这样才能更好地与被调查者沟通和交流。

重点导读

在农村社会经济调查中，由于调查者对农村情况缺乏深度了解和农村经济发展条件自身的限制，很多比较适用的社会调查方法都会在实施过程中存在着一定的局限性，但访谈调查法在农村社会经济调查中却显出了自己独有的优势和强大的作用。如今，访谈调查法已成为调查者深入田间地头和在实际调查中搜集相关信息的重要方法。

第一节
访谈调查法的分类

访谈调查法又称派员调查法，它是通过访谈员（调查人员）和受访者（访谈对象）之间面对面地交谈，从而得到所需资料的调查方法。在社会经济调查领域，调查客体通常与人有关，而在工程测量、科学试验领域调查客体通常与物有关，所以访谈调查作为一种典型的人与人之间的交流，在社会经济调查领域要比其他领域应用更为广泛。

依据不同的调查目的、调查性质或调查对象等标准，访谈调查法可以分为不同的种类。根据访谈控制程度的不同，可分为标准化访谈和非标准化访谈；根据是否与受访者面对面，可分为直接访谈和间接访谈；依据参与人数的不同，可分为个别访谈和集体访谈。

一、标准化访谈与非标准化访谈

1. 标准化访谈

标准化访谈，又称结构式访谈，是指按照事先统一设计的、有一定结构的访谈问卷进行访谈的方法。这种访谈的特点是标准化，即选择访谈对象的标准和方法、访谈中提出的问题、提问的方式和顺序，以及对访谈对象回答的记录方式都是统一的。访谈中由访谈员按照事先制作的问卷提问，问卷上的问题可以是封闭型的，也可以是开放型的。在结构式访谈中，问卷是访谈员的主要工具，访谈员必须严格按照问卷上的问题顺序发问，自己不能随意更改或变动问题。当访谈对象表示不明白或听不懂时，访谈员可以对问题进行重复或按规定的统一口径进行解释。通常，访谈调查法都需要设计一份访谈指南，对问卷中可能发生误解的题目进行详细的解释说明，这些说明是指导访谈员进行访谈的规则。

标准化访谈利用问卷进行调查，可以加强访谈员对访谈过程的控制，使访谈的目的更加明确，有效地避免访谈员个人因素所造成的对调查结构的干扰或影响，从而提高访谈结果的可靠程度。而且标准化访谈调查发挥了问卷调查的优点，便于调查者对问卷进行整理和分析，有利于使用定量调查方法。访谈员也可针对访谈对象对问卷的不明之处回答不清或不回答的情况及时予以解释或纠正，从而减少无效问卷的数量。但是这种统一的问卷和表格显然无法囊括农村社会发生事件的全部，因此只能调查社会经济问题或现象的几个重要内容。标准化访谈注重一致性，缺乏灵活性，因为整个访谈是依据问卷进行，访谈问题的弹性小，所以不利于充分发挥访谈员的积极性、主动性；同时，标准化访谈的费用相对较高，访谈需要的时间较长，要进行大规模访谈必须考虑这方面的特点。

2. 非标准化访谈

非标准化访谈，又称非结构式访谈，是指事先不制定统一的问卷、表格和访问程序，而是按照一个粗线条的访问提纲，由访谈员和访谈对象进行自由交谈的方法。通常，访谈员就所要访谈的课题向访谈对象进行开放性的提问，答案不限范围，获取的信息可以更加丰富，从而可以挖掘访谈员可能忽视的深度资料。非结构式访谈的主要形式有重点访谈、深度访谈和非引导性访谈三种。

（1）重点访谈　是指访谈内容集中于某一种现象或问题、某一方面的经验及影响的访谈调查方法。这里的重点不是指访谈对象的重点挑选，而是指访谈所侧重的重点内容。

在重点访谈中，访谈员通常将访谈对象安排在一定的情景当中，然后请访谈对象自由地说明他在这一情景中的主观经验，即个人对情景的认识，这种主观经验就是重点访谈的重点所在。重点访谈的一个决定性因素是某一特定情景的提供，对于这一情景，调查人员事先要进行分析，找出它的主要因素、模式，以及过程和整体结构，并决定访谈的重点是哪些方面，然后制定假设并根据这些假设建立标准的访谈程序。当访谈员将访谈对象安排在一种情景后，提出一些问题让其回答。

（2）深度访谈　是指为了搜寻访谈对象的特定经验及其行为动机的主观认知、想法等方面的资料而进行访谈的方法。一般是选择个人生活历史中的某些方面向访谈对象提问题，访谈是机动的或结构松散的。由于对不同的人提出不同的问题，因而资料的可比性受到损害，但这一损害可在偶然的重大发现里得到补偿。这种偶然的重大发现往往会产生问题的突破。

（3）非引导性访谈　是指访谈对象对自己所处的社会环境进行一番考察，之后客观地陈述出来的访谈方法。访谈员会鼓励访谈对象将自己的信仰、价值观念、行为和所生活的社会环境客观地加以描述。这类访谈的目的在于让访谈对象可以处在一个自由的、让思绪飞翔的环境中，从而使访谈员能够深刻了解访谈对象最深层的主观感受，包括价值规范、情感认知等。非引导性访谈可以引出访谈对象本身都不知道或自己都不愿承认的感情来。访谈员从访谈对象那里获得的不仅是资料，而且还有对资料的某种解释。此外，对访谈对象的社会地位、生活环境等情况，访谈员也要加以考察。如果访谈对象根本没有机会接触交谈所涉及的内容，那么访谈员要慎重看待访谈资料的价值和可用性。

非标准化访谈的目的在于克服标准化访谈的束缚，弹性大一些，有利于充分发挥访谈双方的主动性和创造性；有利于适应千变万化的客观情况，可以了解原有访谈方案没有考虑到的新情况，从而获得标准化访谈无法获得的丰富资料，有利于加大问题的深度和广度。

二、直接访谈与间接访谈

1. 直接访谈

直接访谈是指访谈员与访谈对象进行面对面交谈的访谈方法。这种访谈调查方法非常灵活，既可以请访谈对象到访谈员所安排的地方进行访谈，也可以由访谈员深入实地与访谈对象进行交谈。直接访谈方法的优点是访谈调查的计划性比较强，能够与访谈对象同时进行多个问题的交流。通过访谈，访谈员可以清楚地了解访谈对象对交谈内容的认知，以及访谈对象的动机、行为等特征。

2. 间接访谈

间接访谈是指访谈员与访谈对象不直接见面，而是通过电话、书面问卷等工具与访谈对象进行交流的访谈方法。

间接访谈的优点是省时、省力、节约费用、保密性强，访谈对象有充足的时间进行考虑。因为访谈员和访谈对象之间是不见面的，所以回答问题的真实可靠性比较强。间接访谈只能询问比较简单的问题，而且对没有电话的访谈对象无法使用，因此访谈范围受到限制。

三、个别访谈与集体访谈

1. 个别访谈

个别访谈，是指访谈员与访谈对象之间一对一地进行交谈的方法。这种访谈方式有利于访谈员与访谈对象之间建立起较为融洽的人际关系。访谈对象在回答问题时受外界因素的影响较小，可以减少内心顾虑，便于畅所欲言，有利于对某一问题进行深入的了解。

2. 集体访谈

集体访谈，是指将许多访谈对象集中在一起，同时进行访谈的方法，也就是通常所说的召开座谈会。这种访谈方法在我国农村社会调查中被广泛使用。

集体访谈的最大特点是，访谈过程不仅是访谈员与访谈对象之间相互影响、相互作用的过程，也是访谈对象之间的互动过程。集体访谈中所能搜集的资料受到以上两种互动因素的影响，因此要想使集体访谈成功，就不仅要组织好访谈员与访谈对象之间的互动，还要组织好访谈对象之间的互动。这就要求访谈员有熟练的访谈技巧及组织会议的能力。

通过集体访谈所搜集的资料较其他访谈方式所获得的信息更为广泛，而且通过互相启发、互相补充、互相核对和互相修正，所访谈的资料更为系统全面和真实可靠。由此可见，集体访谈是较个别访谈层次更高、难度更大的调查方法。但对一些涉及个人情况的问题或敏感问题，通常不适宜采用集体访谈的方式进行调查。同时，集体访谈也不利于访谈员与访谈对象之间进行深入细致的交流。介于以上特征，集体访谈常被用于验证或调查集体行为与群体关系的倾向以及心理治疗和组织诊断。

第二节
访谈调查法的实施程序

访谈调查法的实施程序类似于实地观察法，基本分为准备阶段、访谈阶段、访谈记录和资料整理阶段等。

一、准备阶段

1. 选择适当的访谈方法

访谈准备工作的第一步是根据研究目的选择适当的访谈方法。如果要对某一问题进行系统的调查，为定量分析提供基础资料，一般应选择标准化访谈法；如果调查的目的是进行探索性研究，则可以选择非标准化访谈；如果需要对调查问题进行深入细致的调查，则采用个别访谈方法较为适宜；如果要迅速了解多数人对某一问题的看法，则可以采用集体访谈的方法。

2. 确定访谈问题和提纲

在访谈方法确定后，访谈员要根据调查目的和调查内容的需要制订相应的问卷、访谈表或访谈提纲等。进行标准化访谈时，访谈者要在全面了解访谈内容的基础上，设计出规范、统一的访谈问卷。进行非标准化访谈时，则需要将访谈内容经过归纳整理后，形成一个概要性的访谈提纲，以便在访谈时提出问题。不管采取何种访谈方法，参与访谈的人员事先都要对与访谈问题有关的知识有一个充分的准备，以便在访谈中就被访谈的问题与访谈对象之间进行深入的交流。如果访谈员在访谈中对访谈对象所谈及的问题一无所知，那么访谈对象就很有可能失去访谈兴趣，从而影响访谈工作的顺利进行。

3. 确定访谈对象

访谈调查方法中的访谈对象是信息资料的提供者，因此，选择对于调查内容比较了解的访谈对象是非常重要的。访谈对象要能够满足访谈调查的需要，应是对所访谈问题最了解、最具有发言权的人。同时，访谈对象及访谈对象所在社区的特征，也是访谈对象是否能够提供调查所需信息的关键。这里所说的社区特征包括社区的人文环境和文化传统，即群体行为所表现的模式。每个社区都有自己的特征，社区文化传统、环境等因素会影响个人和集体的行为。若事先不了解这些特点，则不仅会给访谈工作带来困难，而且会引发不必要的误解。例如，我国许多少数民族地区都有一些特殊的禁忌，在访谈过程中由于不了解而触犯了这些禁忌，就可能引起访谈对象的反感而不配合访谈。

4. 确定具体的访谈时间、地点和场合

一般而言，访谈时间应选择在访谈对象工作、劳动和家务都不太繁忙的时候，如农闲季节。访谈的地点和场合应以有利于访谈对象准确回答问题和畅所欲言为原则。如果想了解农民个人或家庭情况，最好是在农民家中与农民单独进行访谈；若是向基层领导干部了解农村发展情况，则在其办公地点进行比较适宜。

5. 选择和培训访谈人员

对于一些需要抽调专人进行的大规模访谈调查，调查组织者还需对承担访谈调查任务的访谈员进行选择和业务培训。访谈调查能否成功,在很大程度上取决于访谈员的个人品质、业务水平和交谈能力。承担访谈调查的人员一般应具备以下几个条件。

(1) 访谈员要具有科学的、实事求是的、认真负责的优良品质 访谈员的工作任务是把访谈调查需要完成的访谈内容询问完毕,并将访谈对象的回答如实记录下来。如果访谈员不忠于调查事实,随意推测调查结果,或对访谈记录敷衍了事,将严重影响访谈结果的科学性和准确性,甚至给整个调查研究工作带来不可挽回的损失。访谈员要具有认真负责的工作态度,能够克服访谈过程中遇到的这样或那样的问题,按时高质量地完成访谈任务。

(2) 访谈员要具有良好的道德修养 在访谈过程中,访谈员的言谈举止、衣着打扮对能否形成一种融洽的访谈气氛都有重要的影响。访谈员在整个访谈过程中应始终抱着一种尊重对方、虚心求教、以诚待人的态度与访谈对象进行交谈,认真耐心地向访谈对象讲解调查问题,对访谈对象的回答要耐心地听,认真地记;不能由于访谈对象的社会地位或文化水平低于自己而盛气凌人、好为人师。

(3) 访谈员要对所访谈的问题有兴趣 兴趣是访谈员能够顺利完成访谈任务的条件之一。一般而言,访谈调查的内容经过若干次的访谈交流,很可能成为一种单调枯燥的重复工作,此时即使是一个非常有责任心的访谈员,也可能出现工作的积极性、观察能力、表达能力大大降低的情况,此时能够激励访谈员深入进行访谈调查的最好动因就是兴趣。

(4) 访谈员要对所访谈的内容有一定的认知和了解 一个好的访谈员不仅要能够按访谈提纲取得丰富可信的资料,而且对于访谈对象的回答要善于引导和追问,能够从访谈对象的口头回答中进一步发现和引导出一些对访谈内容有所帮助和启发的问题,从而将整个访谈工作引向深入。这就要求访谈员应尽可能地从与访谈内容相关的专业人员或有类似访谈经验的人员中选择。

访谈员挑选出来以后,调查工作的组织者要对选中的访谈员进行必要的培训。培训内容包括访谈调查的目的、意义及访谈范围的介绍,包括访谈对象情况的介绍,包括访谈员的每日工作进度、访谈步骤、工作要求、访谈时间等调查事项的介绍,还包括组织学习访谈手册、访谈提纲、访谈问卷等相关资料,还可以组织访谈员模拟访谈调查现场等方面的训练。

上述准备工作完成以后,访谈调查的组织者应拟订一个内容详细的访谈计划表,就整个访谈调查的时间安排、工作步骤、工作方式、遇到意外问题的处理办法等内容做出明确具体的规定,以便于实际访谈工作中访谈员有章可循,能够顺利完成调查任务。当然,在进入实地访谈之前,还需准备访谈过程中所需要的访谈表格、问卷、记录工具、介绍信、调查证件等。

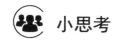 **小思考**

> 承担访谈调查的人员一般应具备什么条件?

二、访谈阶段

1. 进入访谈

进入访谈是在访谈员与访谈对象进行实地访谈之前所做的一些预备性工作。在实地访谈之前,有必要与访谈对象所属的省、市、区、乡政府机关或派出所、街道、村民委员会等取得联系,征得访谈对象所在单位的同意和支持。对于有些访谈来说,如果农村基层政府、社区经济组织等予以支持,并派人参加联合调查,则效果更佳。这时调查力量增大,并可获得许多有利条件,群众也容易予以支持。

2. 预备谈话

预备谈话是在访谈员与访谈对象直接接触之后,在进行正式访谈之前沟通联络的过程。访谈员在接近访谈对象时,首先应进行自我介绍,然后说明来访目的,以及进行这项访谈的原因,请求访谈对象的支持与合作。此外,还要告诉访谈对象他是如何被选出来的。预备访谈主要是消除访谈对象的心理顾虑,为正式访谈创造一个良好的氛围。

在预备谈话阶段,可能会碰到如下一些情况,如陌生感使双方无话可说,访谈对象以各种理由拒绝受访,访谈员与访谈对象之间因为地位的不平等而产生不自然感。因此,为了创造有利于访谈的环境,访谈员应根据访谈对象的态度和周边环境等,主动说一些有利于活跃气氛的话,消除拘束感。例如,可以先从访谈对象的住房、家庭、个人嗜好,或者从当时的天气状况等方面谈起,从而尽快寻找出双方的一些共同点,激发访谈对象对访谈的兴趣和重视。

3. 正式访谈

融洽的交谈气氛形成之后,访谈员就可以详细介绍访谈内容,并提出问题。提问的方式多种多样,可以开门见山,直接提出需要回答的问题;也可以先试探性地提问,逐步接近访谈主题。一般应先提出一些访谈对象易于直接回答的问题。但是,不管采取哪些方式提出问题,都应顺其自然,随机应变,使访谈过程像拉家常一样在平等、友好的气氛中进行,绝不可像查户口或审案子那样,搞成简单生硬的对话。

4. 结束访谈

当访谈调查所要了解的问题得到了较为圆满的回答以后，访谈员应当适时结束访谈。整个访谈过程的持续时间应根据访谈内容和访谈过程中的具体情况灵活掌握。访谈时机和场合比较合适、访谈气氛融洽、访谈对象对访谈话题的兴趣比较大的时候，交谈的时间可长一些；反之应短一些。结束访谈时，访谈员要对访谈对象所给予的工作上的支持表示衷心的感谢。必要的时候，还应表示可能再次登门求教，为以后的调查打下一个良好的基础。

三、访谈记录和资料整理阶段

访谈调查的目的就是要获取资料，访谈调查的资料是通过记录得到的。因此，做好访谈记录是访谈调查的一项基本内容。标准式访谈记录比较简单，只需按规定的记录方式把访谈对象的答案记录在事先设计好的表格或问卷上就可以了。

非标准式访谈的记录相对困难一些，一般可采取现场记录和事后记录两种方式。现场记录就是在征得访谈对象的同意之后，一边访谈一边记录。当场记录的方式可以采用笔记、录音机录音或一个人交谈、一个人记录等方式。现场记录的优点是可以从容记录，不清楚或记不全的地方可当场再问，资料比较客观完整。但为了记录完整而埋头记录，则可能丧失对方的表情、动作所表达出来的信息，而且可能因此而忘了要点。

当访谈对象不喜欢其谈话内容被记录或录音时，这会影响访谈对象的情绪，破坏访谈双方的互动过程。这时采取必要、及时的事后记录非常关键。访谈结束以后，访谈员应根据对访谈过程、细节的回忆，抓紧时间对访谈内容进行追记。事后记录可以消除访谈对象在访谈过程中可能存在的心理顾虑，访谈员也可以专心致志地就访谈问题与访谈对象进行交谈。事后记录要完全凭借访谈员的记忆来补记，如果访谈员的记忆出现偏差，那么就可能会失去一些信息，从而影响整个访谈内容记录的全面性和准确性。为此，采取事后记录时，访谈员在访谈前应尽可能采取一些必要的训练，提高自己的记忆力；同时，要安排好访谈的问题顺序和要点，注意所提问题的内在联系和逻辑性，以便在事后回忆记录。

为了提高访谈记录的可靠性和准确性，对于现场记录资料，在访谈结束前可将记录的主要内容反馈给访谈对象，请他们进行复核、更正或补充；访谈结束后，访谈员应尽快对当天的访谈记录进行整理，以便及时发现和纠正漏记或错误的地方。对于抽调专人进行的大规模访谈调查，访谈组织者还应通过一定的方式，对访谈者所取得的访谈资料进行检查验收。

第三节
访谈调查法的要点及技巧

访谈是在两个或两个以上的人之间进行的，但是毫无疑问，访谈员应该知道怎么样掌握和控制访谈，掌握调查中的要点，以便更出色地完成任务。

一、访谈调查法的要点

1. 访谈中的时间控制

现代社会生活节奏越来越快，人们的时间观念也越来越强。在农村进行经济调查访谈时，应该尽量避免农忙时间，同时要合理把握访谈时间的长短。访谈时间太长可能会引起被访者的反感和厌倦，而且长时间的访谈对于被访者的思维和身体都是一个巨大的挑战；访谈时间太短又不能将访谈的内容尽述，达不到访谈的效果。一般情况下，正式的访谈时间应该控制在20～30分钟为好，长一点的可以一个小时，当然，集体访谈可能会耗时多一些，但也不应该无限制地拖长。时间的控制要求访谈员在进行访谈时应该将相关的逻辑性强的问题放在一起进行交谈，访谈时松弛有度，仔细倾听交谈内容，这些都有助于节约时间，提高效率。

2. 访谈中的非语言注意要点

一个人的服饰对于其表现自己的其他优点十分重要，尤其在进行访谈时，访谈员留给被访者的第一印象是其穿着打扮，而不是其思想观念。访谈员给被访者留下什么样的第一印象直接影响着后面的访谈。在访谈实施过程中，访谈员的外表会告诉被访者自己是什么样的人。一般大方得体的穿着在任何场合下都是适合的。

访谈进行时要注意自己的身体姿态，坐要坐得端正，不要东倒西歪。手要自然放落，双脚一般自然平放即可，不要跷二郎腿，特别是在长辈面前。虽然访谈的过程是一个比较放松的过程，但访谈员也应该使自己的身体姿态表现得自然一些，交流的时候还要注意自己的信息回馈，要注意保持眼神的交流。眼神的交流是一种坦然而真诚的表现，但不能一直盯着被访者，这样会使被访者感到不自在，或者会打乱被访者的正常思维，在被访者说出自己的想法时，访谈员不应该东张西望，否则会反馈给被访者一种信息：你不在乎他所说的。这样可能会导致被访者终止自己的谈论，访谈也就失去了原有的意义。正确的做法是专心倾听，并不时点头以示自己在认真倾听，自己很在意他所说的每一句话，他所表达的信息对于自己来说是重要的。

3. 插话和追问

访谈不是唱独角戏，需要有访谈员与被访者的通力合作，访谈员除了认真倾听被访者说话以外，必要的插话也是必不可少的，插话能够将被访者的谈话内容连接起来，使访谈不至于无话可说而出现中断的现象。插话一般比较简短，访谈员在插话的时候应该注意以下几点。

(1) 仔细倾听，不随便插话　不能在别人讲得兴头正高时插话，这样会显得不礼貌，也没有"专业素质"，而且极易打乱说话者的思路，造成时间上的浪费。

(2) 认真记录，插话与话题相关　在被访者说话时，访谈员仅凭自己的大脑记下所有的谈话内容是困难的，此时必要的记录显得尤为重要，访谈员可以简单记录被访者的重要言语，插话的时候做到有的放矢，否则访谈员的插话很可能会"南辕北辙"，甚至误导被访者，使访谈的内容偏离预先的主题。

(3) 主动插话，不被动等待　插话的作用就是在访谈的主题下引导和连接被访者的谈话。当一个话题完结或者被访者"无话可说"时，访谈员就应该"打圆场"，用适当的语言总结被访者的谈话以求确认，再顺其自然地引出下一个访谈的主题。与插话相似而不同的就是追问。追问是指追根究底地查问，其产生的原因一般可能是访谈员与被访者对于同一事件存在概念性误差，也有可能是访谈员在倾听的过程中不够系统而导致的信息遗漏。通常情况下，追问都是访谈员提出的，被访者有追问的情况比较少见，这就要求访谈员在叙述问题时应更加仔细认真，如果有被访者追问的情况时则应该耐心解释。

(4) 倾听与记录　访谈的过程就是一个沟通的过程，倾听与记录无疑是沟通的基石，在访谈的过程中，做好了倾听与记录，访谈也就成功了大半。访谈员的倾听过程一般有以下几个阶段：

① 倾听预设。事先估计被访者根据访谈的主题可能会给出的相关答案，预设有可能出现的相关结果。

② 接收信息。倾听的主动阶段，就是访谈员将被访者提供的信息转化到自己一方来。对于访谈员来说，接收的策略可以是信息在头脑中的短暂存储，也可以表现为文字信息在纸面的直接呈现。

在倾听的过程中，访谈员应该做出相应的反应而不是一味地"只听不动"。倾听要求访谈者主动参与进来，接收被访者的谈话信息，并对内容加以思考，通过自己的理解以后做出相应的回馈，可以说，前面所提到的插话与追问都是建立在倾听的基础之上的。倾听可以发现被访者提供的重要信息，还可以发现被访者所没有直言的背后信息。倾听效果的好坏还受到客观环境的影响，包括外部环境噪声和倾听者自己内部产生的噪声。外部噪声如别人的说话声音、机械发出的声音等；内部的噪声是指倾听者在倾听时由于注意力不集中而影响到倾听的现象。为了保证倾听效果，访谈应该选在比较安静的地方进行，同时作为倾听者的访谈员应该时刻保持注意力集中和内心平静。

记录是对倾听的有效补充，记录包括对被访者言语信息的记录和非言语信息的记录，除此之外还包括录音、影像资料的保留等，但是这样的记录必须先征得被访者的同意。记录的作用是为了保留倾听中的重要信息，形成记忆性的有效信息回顾。在信息的记录当中，记录的有效接近是一个应该注意的问题。

在访谈调查中，一般记录的资料可能都会涉及被访者比较敏感的话题，如被访者的家庭收入、被访者关于某个政策的观点看法等。有效记录接近就是要适度保持不要让被访者和其他人接近访谈员所记录的资料，如果被访者要求查看访谈员的记录，访谈员应该做出适当的处理，必要的时候要给予被访者合适的解释，以消除被访者的疑虑，同时在资料的整理阶段也应该尽量避免与调查访谈无关的人员接近访谈员的记录资料。

 小思考

> 插话在访谈中是不被允许的吗？

4. 访谈中的无回答处理

在实际的访谈过程中，被访者可能会对访谈员提出的一些问题不知道怎样回答或不愿意回答，即访谈中的无回答。如果是由于访谈员自己的解释不清或错误而引起被访者无法回答的，访问员应该立即问清情况，然后对该问题做进一步解释，直至被访者理解并做出回答。例如，访谈员是一名高校的学生，他进行调查访谈的目的是希望了解农村居民家庭食品支出占总收入的情况，在进行实际访谈时，如果访谈员用诸如"基尼系数"这样专业的术语，被访者一般是很难理解的，这就需要访谈员做进一步解释并尽量避免运用专业性强的术语，使自己的访谈语言口语化和通俗化。当然，如果是在真正的标准化访谈中，这样的现象是不允许出现的。

访谈中的无回答可能是由于问题本身涉及被访者的隐私，被访者考虑到自己的利益问题而不愿意回答。在这种情况下，访谈员应该重申自己的保密原则和保护措施，打消被访者的心中顾虑，如果都无效的话，这样的问题就应该被当作无回答来处理。访谈员一定不能自作主张地认为什么样的问题是被访者不愿意回答的，什么样的问题是可以当作无回答处理的。访谈是以被访者的自愿和合作为前提和基础，访谈中是允许留下空白的。无回答也可能是访谈员自己的粗心大意造成问题的漏问和漏填，这就要求访谈员在访谈结束时，及时整理和查看是否有遗漏的地方，必要时可能还要对被访者进行回访，以便于资料的完善。同时，访谈员仔细倾听的过程还会将这种积极的态度传达给被访者，使被访者减轻对访谈员的防卫意识，提高对于访谈员的认可程度，从而促进双方更加融洽和谐地沟通。

二、访谈调查中的技巧

访谈是一种社会交往过程，访谈的成功与失败在很大程度上取决于这种互动过程组织的好坏。因此，访谈员要想取得访谈的成功，除了注意访谈要点，还必须熟练掌握和运用各种访谈技巧。

（一）接近访谈对象的技巧

接近访谈对象是整个访谈过程的第一步。良好的开端是成功的关键。全部访谈的进行在很大程度上取决于访谈者与访谈对象最初接触时的表现。如果一开始就引起访谈对象的反感，整个访谈就难以顺利进行。

1. 称呼要恰当

称呼是接近访谈对象的第一句话，如何恰当称呼对方是接近访谈对象的第一步。农村社会经济调查中的访谈对象多数是农村基层工作人员和农民，对访谈对象的称呼应注意以下几个问题。

（1）要符合访谈双方的亲密程度和心理距离　人们的亲密程度不同、心理距离不同，相互之间的称呼也不一样。一般来说，不能直呼初次见面的人的姓名，而应称"乡长""镇长""书记""主任"等。访谈员应根据自己与访谈对象之间的亲密程度和心理距离的实际情况，按照头衔或一般尊称、爱称或绰号的变化规律，选用恰当的称呼，并随着亲密程度和心理距离的发展变化适时地改变称呼。

（2）要入乡随俗，亲切自然　我国地域广阔，各地的称呼有很大的不同。例如，南方地区比较喜欢"老先生"的称呼，而在北方农村，"老大爷"的称呼则显得更为亲切；"大哥"在多数地方为尊称，而在个别地方可能含有贬义。

（3）既要尊重恭敬，又要恰如其分　有的人口气很大，开口一个"喂"，闭口一个"伙计"，对人极不尊重和恭敬；有的人又喜欢奉承别人，动不动就"老首长""老前辈""老大哥""老大姐"地叫，结果也可能引起别人的反感。

（4）要注意称呼习俗的发展和变化　大多情况下，人们会根据不同的行业、不同的场合、不同的对象适时改变称呼。例如在一次农村电商访谈中，对年轻的访谈对象称为"亲"，这种顺应时代发展的用语一下子拉近了访谈员与访谈对象之间的距离。

2. 接近访谈对象的方式

（1）自然接近　在与访谈对象的共同活动中彼此接近的方式，被称作自然接近。例如，在与访谈对象一起工作、劳动、开会、学习、就餐等活动中与对方攀谈，逐步了解对方，待建立了初步感情之后再说明来意，进行正式访谈。这种接近方式是访谈者有心、访谈对象无意的一个过程，它有利于消除对方的紧张、戒备心理，有利于在不知不觉中了解到许多情况。

（2）求同接近　在寻求与访谈对象拥有共同语言的过程中接近对方，被称作求同接近。例如，同乡、同学、同行，共同的经历、共同的兴趣爱好等，都可以成为最初交谈的话题。例如，与农村老太太谈她养的鸡，与年轻媳妇谈她的孩子，与私营企业主谈他的企业经营状况，与职工谈市场物价，与知识分子谈教育改革等，都是很好的话题。

（3）友好接近　从关怀、帮助访谈对象入手，通过联络感情、建立信任而彼此接近的过程，被称作友好接近。例如，对方家里有病人，就谈如何治病、买药和调养；对方如果遇到挫折，就要表示同情，并进行安慰和开导；对方的工作、生产发生了困难，就帮助出主意、想办法、提建议等。如果条件允许，还可以采取一些具体行动来帮助对方解决实际困难，这有利于建立信任和感情。

3. 衣着要得体

初次见面的人往往是从对方的外貌获取第一印象的。因此，访谈员的衣着、服饰、打扮等外部形象，对能否在一见面时就取得对方的好感也有重要影响。访谈员要注意使自己的衣着、打扮尽可能地与访谈对象类似，给对方一种易于接近和交往的感觉。例如，在落后地区访谈，衣着应尽可能地朴素；在发达地区访谈，穿戴则应该比较整齐和讲究。同时，也要根据对方的衣着和打扮，来确定自己接触对方时应采取的态度，对打扮讲究的访谈对象，言谈举止应庄重、严肃、彬彬有礼；对穿着比较随意的访谈对象，就可以坦率和随意一些。

（二）提出访谈问题的技巧

提出访谈问题，简称提问，是访谈调查的主要手段和环节，在访谈过程中占有十分重要的地位。从一定意义上说，访谈技巧首先就是提问的技巧。

1. 提问的方式可多种多样

提问的方式可以是开门见山、直来直去，也可以先试探性地提问，然后一步步深入。究竟采用哪种方式提出问题，应根据问题的特点、访谈对象的具体情况和双方之间的关系来确定。对于一些比较简单、访谈对象容易回答的问题，可以直接提出；对于比较复杂、敏感，访谈对象有所顾忌的问题，应采取谨慎、迂回、委婉的方式提出。访谈双方初次接触时，提问的方式要耐心、慎重；而对于比较熟悉的访谈对象，则可以直率地进行访谈。对于文化程度较低、理解能力较差的访谈对象，提问时要耐心解释、循循善诱、逐步深入；反之可以直接、连续地进行发问。

访谈员应注意采取合适的提问方式。在正式提问过程中，应尽可能减少题外话，通过提问将双方的注意力集中在访谈问题上，以便在较短时间内顺利完成访谈任务，不至于因访谈时间过长而使访谈对象对访谈感到厌烦。在提问时，不仅要提出问题，而且要解释问题，访谈员要保持中立态度，尽力避免倾向性，以免影响访谈对象的思路，造成对访谈对象的诱导。

2. 提问的语言要通俗

在访谈过程中，应使用访谈对象易于理解并乐于接受的语言。具体来说，要努力做到"一短三化"。"一短"指提问的语言应尽量简短。一个成功的访谈应该是用简短的提问换取充分的回答。"三化"是指提问的语言应尽量口语化、通俗化和地方化。口语化是指切忌使用官方语言和书面语言；通俗化是要求尽量少用术语、专业名词，必须用时要作出说明，使访谈对象能够听懂、理解；地方化是要注意一些词在不同地区、不同方言中有不同的含义。

3. 提问的语气要恰当

根据访谈对象及访谈环境的情况，灵活使用不同的语气。对老年人说话音量要放大，速度要放慢；对孩子应使用浅显的语言、亲切的口气；对反应快的人应单刀直入，尖锐地发问；要激起对方的热情时，语调应该抑扬顿挫，节奏快些；要打消对方怀疑时，应放慢节奏，语调深沉，比较严肃、真诚。一般采用"闲谈式"或"聊家常式"，切忌使用"审问式"。

（三）听取访谈回答的技巧

访谈调查中的听，应该是有效率的听，是访谈员对提出问题后访谈对象回答结果的直接接收。要做到有效率的听，必须尽量做到以下几点。

1. 排除各种听的障碍

听的障碍有很多种：由于访谈员先入为主的态度，其对于访谈对象的回答不能作出客观的判断，从而出现不能或不愿意认真听的情况；访谈者由于过度疲劳，而不能集中精力地听；访谈员过于心急而出现不能耐心听的情况；访谈员和访谈对象对于问题的理解不同，致使访谈员不能正确地听。要想有效率地听取访谈中的信息，要采取对访谈对象的回答不插话、不表态、不干扰的方式，保持沉默，专心地听。

2. 对访谈对象的回答及时给予回应

采取正确的态度，对访谈对象的回答给予恰当的反应是非常必要的。如果访谈对象在认真回答问题的时候，访谈员表现得心不在焉，甚至不停地打哈欠，那么访谈对象就不可能认真谈下去，这显然不是一种正面的回应方式。另外，在谈话的过程中，访谈员要不断用"好""对""嗯"等语言信息，或用点头、肯定的目光、手势等非语言信息鼓励对方继续谈下去。对于听不懂的地方或听不清楚的地方，访谈员应请访谈对象再深入谈一下。特别是在涉及人名、地名、数字等资料时，虚心请访谈对象重复一遍是相当重要的。总之，访谈过程不仅是交流信息的过程，而且是感情交流的过程。因此，访谈员应很好地把握这些态度、情感在访谈过程中的应用。

3. 善于记忆访谈信息

记忆的好坏决定了获取知识的数量及准确度。好的记忆能力的获得，可采取如下方法：一是重复，即请访谈对象复述，或自己默默复述；二是提炼中心思想和观点，以利于提高记忆的方便程度和牢固程度；三是利用联想、比较等方法，帮助提高记忆的水平；四是利用访谈对象的回答来询问和探讨问题，使用问题或答案的次数越多，记得越牢。

（四）引导访谈问题的技巧

引导和追问的方式与提出问题不同。引导不是提出新问题，而是帮助访谈对象正确理解和回答已经提出的问题，目的是使访谈对象能够正确理解问题，并能准确、真实、全面地回答所提出的问题。访谈员在访谈调查中进行引导或追问时，要掌握一定的时机。

一般而言，引导方式多用于以下情形：当访谈对象对所提出的问题理解不正确、答非所问、文不对题时，访谈员应该用对方能听懂、听明白的语言对问题进行解释或说明，排除干扰和障碍，使访谈调查能按计划顺利进行下去。在农村社会经济调查中，答非所问的情况经常会出现，合理的引导能够有效地提高调研效率。特别是要学会巧妙地打断对方讲述，引导其围绕着问题展开回答。如果访谈对象有思想顾虑，访谈员就应摸清顾虑所在，然后对症下药，消除访谈对象的顾虑。如果访谈对象的谈话内容远离主题，访谈员就应采取适当的方式，有礼貌地将话题引到主题上来。如果访谈对象遗忘了问题的某些具体情况，访谈员就应从不同角度、不同方面帮助对方回忆。如果访谈中断后又重新开始，那么访谈员应采用回顾前面谈话内容又引出接下来要谈的话题的方式，使访谈能够继续下去。

（五）追问访谈对象的技巧

追问是为了促使访谈对象进一步真实、具体、准确、完整地回答问题而进行的提问。一般来说，追问主要用于如下情形：当访谈对象的回答明显不真实、没有吐露真情的时候；当访谈对象的回答前后不一致、自相矛盾的时候；当访谈对象的回答过于笼统、不够准确的时候；当访谈对象的回答不够完整、不够具体的时候。在这几种情况下，访谈员都可以采用追问的方式，以求访谈对象的回答满足访谈目的和内容的需要。

追问的方式有多种。例如，正面追问，通过直接指出回答中存在的不具体、不准确、不完整的地方，请访谈对象补充回答的方式；侧面追问，通过切换询问的角度或侧重点，来询问调查对象规避回答的问题的方式；系统追问，通过追问某个社会现象发生、发展过程中的一些细节，达到对事件整体把握的目的的方式；补充追问，通过进一步询问没有听清楚、弄明白的问题而使访谈内容得以补充的询问方式。

特别强调的是，追问一定要适时和适度。适时是指被追问的问题应该是访谈中比较重要的问题，追问的时间应该放在访谈过程的后期。因为追问通常有种咄咄逼人的感觉，所以适时的追问有助于规避访谈中比较敏感的部分，以免影响访谈的顺利进行。适度是指访谈中追问调查不能伤害访谈员和访谈对象之间的感情，也不能造成过分紧张的访谈气氛。因此，访谈调查中访谈员的灵活性、敏锐性和应对问题的能力都对访谈质量有直接的影响。

（六）结束访谈的技巧

结束访谈的技巧主要表现为两部分：一是结束时间的把握；二是结束时语言的把握。

访谈的时间一般控制在一两个小时之内，比较符合人们的访谈心理和感受，当然也不能过于教条。例如，如果是农闲的季节，访谈时间就可以长些，因为访谈对象没有忙着干农活的需要。而在农忙季节或者农民家里有事、有病人等情况下，访谈就无法延续太长时间。另外，访谈员在访谈过程中还要学会察言观色，灵活把握访谈时间，提高访谈调查的质量。访谈结束时，访谈员要对访谈对象的合作表示真诚的感谢，并且表示从访谈对象那里收获到很多的信息和友谊，希望以后有机会能够进一步交流，或再次登门拜访，为以后的再次调查做好铺垫。

第四节
访谈调查法的优点和不足

一、访谈调查法的优点

1. 应用广泛

（1）访谈对象广泛　访谈调查法是通过语言进行的信息交流和沟通，这种方法的使用非常方便，只要访谈员和访谈对象之间不存在语言交流障碍，两者之间就可以进行交流。不管访谈对象的文化程度是高还是低，不管访谈对象的身体状况如何，只要能够交流，就可以从访谈中获取信息。

（2）访谈时间和地点灵活　访谈调查法比实地观察法在调查地点的选择上更为灵活。访谈员既可以到社会经济现象或活动发生的现场进行访谈，也可以在社会经济现象或活动发生之后对访谈对象进行访谈，因此访谈调查法在任何情况下、随时随地都可以进行，应用起来非常灵活。

（3）访谈内容宽泛　通过访谈调查，访谈员既可以了解某一社会经济现象或问题的过去，也可以了解其现在的发展情况，甚至可以对其未来进行前瞻性的调查。在访谈内容上，访谈调查也可以涉及很多方面的内容，既可以是数字信息，也可以是文字信息，还可以是关于访谈对象的主观动机、思想、情感等方面的内容。

2. 访谈双方互动性强

（1）访谈是信息双向交流的过程　特别是面对面的访谈调查，访谈员和访谈对象之间的关系更加紧密，交流更加直接，在询问、引导、追问的过程中，信息交流更加充分。出现任何疑问，访谈中都可以进行直接沟通。

（2）访谈是构建情感交流的过程　访谈调查不仅可以收获信息，而且可以加强访谈双方的情感交流，特别是当访谈双方对一些问题的认识有某种共识性时，基于情感交流而释放出来的信息是其他调查方法无法比拟的收获。通过访谈，访谈员和访谈对象都可以提升自我的交流能力、观察能力、思辨能力，进而激发他们对于问题的认识能力和解决能力。

3. 易与其他调查方法相结合

访谈调查是一种基础性的调查方法，它通常可以与问卷调查、专家调查、实地观察等方法结合起来使用，结合使用的效果会更好。

二、访谈调查法的不足

1. 访谈调查结果的质量控制弱

访谈调查结果的质量在很大程度上取决于访谈员和访谈对象的素质。访谈员的素质主要指其对访谈内容和问题的控制能力、对访谈调查的态度、对访谈话题的理解程度、访谈调查过程中的灵活性,以及组织集体访谈的能力等方面。一个好的访谈员在访谈过程中通常表现得灵活自信,使访谈场面热烈而不偏离主题,能敏锐发现问题并采取恰如其分的引导和追问技巧,这样的访谈员通常对于访谈过程有全局的把握,能够尽可能多地搜集相关信息。

访谈对象的素质主要指其对问题的理解能力、合作态度和回答问题的方式等。如果访谈对象对问题的理解能力比较强,那么回答问题的准确性就比较高,提供的信息也更加有价值,更加符合调查研究的需要。

2. 面对面访谈调查的匿名性特点不强

面对面访谈调查无法完全保持匿名性,在集体访谈的情况下更是如此。因此,这对于访谈对象可能有一定的心理压力。这同时可能造成访谈对象对于一些敏感问题、尖锐问题不愿回答或回答不真实的情况。

3. 访谈调查的资料必须进行查证和核实

因为访谈调查所获得的信息往往都是一些口头信息,所以这些信息的真实性和准确性都有待进一步得到证明。特别是访谈对象的社会经验、认知能力和价值观念等多方面的因素都会影响信息的质量。

4. 访谈调查需要足够的人力、财力、物力支持

相对于文献调查等方法,访谈调查花费的人力、财力、物力比较多,因此访谈调查适合于在较小范围内进行。如果在农村开展较大范围的访谈调查,就需要选择合适的访谈类型,否则很可能造成较大的住宿、餐饮、交通和组织成本等方面的支出。

本章小结

访谈调查法通常是指访谈员与访谈对象之间通过面对面地交谈得到所需资料的调查方法。标准化访谈,又称结构式访谈,是指按照事先统一设计的、有一定结构的访谈问卷进行访谈的方法。非标准化访谈,又称非结构式访谈,是指事先不制定统一的问卷、表格和访问程序,而是按照一个粗线条的访问提纲,由访谈员和访谈对象进行自由交谈的方法。

访谈调查法的实施程序包括访谈准备阶段、访谈阶段、访谈记录和资料整理阶段等几个阶段。访谈调查法的实施中，访谈员可以在接近访谈对象、提出访谈问题、听取访谈回答、引导访谈问题、追问访谈对象、结束访谈等方面加强访谈技巧的学习。访谈调查法具有应用广泛、访谈双方互动性强、可以与其他方法结合使用等优点；同时在访谈质量控制、匿名性把握、资料准确性等方面有待改进。

思考与练习

1. 什么是访谈调查法？
2. 什么是标准化访谈？什么是非标准化访谈？
3. 访谈调查法在实施的准备阶段应该做好哪些工作？
4. 简要评述访谈调查法的优点和不足。
5. 在访谈调查法中接近访谈对象的技巧有哪些？

PPT 课件

第七章
调查资料的整理与分析

学习目标

1. 了解调查资料整理的含义。
2. 掌握调查资料整理的程序和方法。
3. 能够用 Excel 软件绘制各种图表并进行相关数据信息的展示。
4. 了解调查资料分析的概念、特点及其方法。

思政与职业素养目标

培养严肃认真的工作态度,对工作精益求精。

做好档案资料收集整理工作　助力打好精准脱贫攻坚战

做好群众工作,争取群众支持。要做到这点,一个主要的方式就是多召开群众会议,加大宣传力度,让群众了解扶贫政策和最新动向,从而获得群众的认可和支持。这样一来,无论是贫困户档案资料整理还是其他扶贫工作,在无形之中就得到了群众的助推。

事半功倍的诀窍就是充分领会上级各类扶贫文件精神,做好档案的分类与存放。云南省红河哈尼族彝族自治州天马社区的工作人员本着不模棱两可、不似是而非、不偏型走样的原则来整理扶贫档案。一是做好档案分类,不随意堆放;二是规范档案内容,例如贫情分析会议记录中参会人员分类、参会人员签名、会议讨论结果都尽量做到精准表述;三是将贫困户信息和其户口本进行校对,做到信息一致,人口不漏录、漏评。而上述这些规范操作程序与方法其实都是出自上级文件。

在天马社区贫困对象动态管理档案整理工作中,全体工作人员对所有档案资料的校对,做到了一手资料"零涂改",数据逻辑"不打架",所以整洁规范的档案资料是天马社区扶贫工作的一大特色。

工作人员做好分工与配合，提高整理档案的效率。天马社区的档案整理人员分以下几组：专门负责电子文档管理及打印、复印的；专门负责纸质资料整理的；专门负责校对修改的。这几组人同时运作起来处理批量文件的效率很高，所以天马社区能批量校对 10 余次贫困对象动态管理档案。由于社区人手并没有那么多，几类人员也是交叉作业、相互配合的。

保存好第一手资料，充分使用复印件核对、修改，及时应对上级对数据的最新要求，也不偏离实际。天马社区对采集到的第一手资料不做任何修改，并及时做好复印件，以备按照上级文件的要求进行校对，所以数据逻辑越做越清晰规范。

启示：建立扶贫档案是扶贫工作的基础，扶贫档案对于摸清扶贫底数、确立扶贫对策、总结扶贫工作具有非常重要的作用。在开展精准扶贫工作时，各部门要着力做好精准扶贫、精准脱贫信息档案规范化管理。

重点导读

调查任务完成以后，接下来的工作就是要对在调查中所获得的资料进行整理，以便对资料进行有效的分析，达到调查的目的。在调查中所获得的资料种类有很多，包括文字资料、数据资料、问卷资料、视听资料等。社会经济调查过程中，资料的整理主要是指对问卷调查或访谈中收集的原始资料进行检查、分类和简化，使之系统化、条理化，为进一步分析提供条件。

调查资料整理是从调查到研究的过渡阶段，是从感性认识上升到理性认识的必经之路，调查工作完成质量的高低，很大程度上取决于调查资料整理质量的好坏。

第一节
调查资料整理概述

一、调查资料的审核

1. 调查资料审核的内容

调查资料的审核是资料整理的第一步。由于在搜集资料的过程中难免会存在虚假、差错、短缺、冗余等问题，所以对资料的审核是十分必要的。资料的审核是指研究者对所收集的原始资料（主要是调查问卷）进行初步的审阅，校正错填、误填的答案，剔除乱填、空白和严重缺答的废卷的过程。审核的目的主要是确保原始资料的真实性、准确性和完整性，保证调查的质量，为后续资料的录入与统计分析打下较好的基础。

调查资料的审核必须遵循资料整理的一般要求，着重审查资料的真实性、准确性和完整性。

（1）资料的真实性审查　资料的真实性审查主要包括两个方面：一是调查资料来源的客观性，要确保调查资料确实是调查者通过实地调查获得的。二是调查资料本身的真实性问题。由于各种复杂的原因，即使是调查者实地调查获得的资料也往往存在一些虚假信息，调查者必须根据自己已有的知识和经验，辨别资料的真伪，把那些明显违背常理的、前后矛盾的资料舍去。

（2）资料的准确性审查　资料的准确性审查，主要是检查那些含混不清的、笼统的、相互矛盾的资料。问卷调查中的笔误、被调查者的记忆误差等在调查的过程中时有发生，在整理时都应对这些资料进行认真审查与核实。

（3）资料的完整性审查　资料的完整性审查主要包括两个方面：一是资料总体的完整性，主要审查调查的过程是否按照调查计划完成了，调查样本的数量是否达到调查的要求等；二是每份调查资料的完整性，主要审查问卷上的各个项目是否都按要求填答了，是否有漏填的情况等。

2. 调查资料审核的方式

（1）实地审核　实地审核，指的是资料的审核在收集资料的过程中进行，也就是边收集边审核。一旦发现填答错误或漏填、误填，以及其他一些有疑问的情况，就及时进行询问核实。这样，当资料的收集工作结束时，资料的审核工作也已完成。

（2）系统审核　系统审核，指的是当调查资料全部收回后，再集中时间进行统一的、集中的审核。这主要是由调查组织者对回收的问卷进行审核，审核的重点是检查回答记录是否有错误，调查员是否作弊。可以通过对被调查者进行回访或电话、信件确认等进行审核，若审核中发现问题，再次让调查员登门向被调查者进行询问及核实。

实地审核和系统审核各有利弊。实地审核的长处是及时且效果较好，但是它对调查员和督导员的要求较高，要求资料收集工作的组织和安排要特别仔细，要求调查员独立处理各种情况的能力较强，督导员的判断和协调能力要比较强。调查资料的质量因调查员和督导员素质的不同而可能存在较大的差异。系统审核的好处是便于资料收集工作的统一组织、安排和管理，审核工作也可以统一在研究者的指导下进行，审核的标准比较一致，检查的质量也相对好一些。但整个工作的周期则较长，少数个案的重新询问和核实工作则会因时间相隔较长或空间相距太远而无法落实。

3. 调查资料审核的标准

一项科学的农村社会经济调查，其调查结果应该是信度和效度的统一。影响信度和效度的因素很多，其中调查指标和调查方案的设计起着关键性的作用。因此，在设计调查方案的过程中，特别是在设计农村经济指标和农村经济调查指标的过程中，应该充分考虑有关信度和效度的各种问题。

（1）信度　指调查结果反映调查对象实际情况的可信程度。信度一般用信度系数来表示，即对同一对象重复进行调查或测量时，其所得结果一致的程度。例如，对某一经济现象，用某一方法多次调查相同的问题，几次回答却都不相同，就说明这一方法的信度有问题，是不可靠的。信度按照求出信度系数方法的不同，主要分为以下三种。

① 重测信度，是指对同一调查对象采用同一种方法（或工具）调查，然后比较多次调查结果，并求出信度系数。这是一种最常用、最普遍的信度检查方法。

② 复本信度，即设计两种内容、难度、篇幅等相类似的调查工具，对同一调查对象进行调查，然后比较两种调查结果，并求出信度系数。例如，学校考试时拟出的 A、B 卷属于这种复本的一个近似例子。

③ 折半信度，即设计一种调查问题按单双编号的调查工具，其中单号问题与双号问题在内容、难度等方面都具有相等性质，在对调查对象进行调查后，把单号题与双号题的答案进行比较，并求出信度系数。例如，一个态度测量包括 30 个项目，若采用折半法了解其内在一致性，则可以将这 30 个项目分为相等的两部分，再求其相关系数。在社会调查中，信度是相对的。一般来说，信度在 0.8 以上就可以认为调查结果是基本可信的。

（2）效度　指的是测量的有效性，即测量工具能准确、真实、客观地度量事物属性的程度。效度主要有以下几种类型。

① 内容效度。这是指测量内容的适合性和相符性，指测量所选题目是否符合测量目的和要求。

② 准则效度。也称为校标效度或实证效度。准则是衡量有效性的参照标准，准则效度指的是用几种不同的测量方式或不同指标对同一变量进行测量时，将其中的一种方式或指标作为准则，其他的方式或指标与这个准则作比较。如果其他的方式或指标与准则的方式或指标具有相同的效果，则其他的方式与指标就具有准则效度。它关心的是测量结果和另外一个校标的符合程度，它并不关心测量本身的内容。

③ 构思效度。指通过对某些理论构思或特质的测量结果的考察，来测量对理论构思的衡量程度。具体可表述为：变量 X、Y 在理论上有关系，如果测量 X 的指标 X_1，与测量 Y 的指标 Y_1 也有关系，并且以 X_2 取代 X_1 并复测整个理论时，得出了使用 X_1 时同样的结果，则称新的测量（X_2）具有构思效度。反之，则没有构思效度。

效度测定的这三种类型，从内容效度到准则效度，再到构思效度，是一个累进或积累的过程，效度测定的后一类型包括前面所有类型的成分，并具有某些新的特征。测量者关心的是测量得分时用内容效度；测量者关心的是校标得分时用准则效度；测量者关心的是测量某种特征或特质时用构思效度。这里需要注意，测量得分和校标得分都是具体的，而构思是抽象的，是人为构造出来的理论化的概念。

(3) 影响资料信度和效度的因素　调查研究要真实、准确、可靠地反映所要调查的社会现象，就必须尽力提高调查资料的信度和效度。一般来说，影响资料信度和效度的因素有以下几个方面。

① 调查者。调查者是否有严谨的工作作风和实事求是的科学态度，这会影响调查资料的信度和效度。

② 测量工具。如调查问卷中问题表述语言不通俗、不清晰，使调查对象感到模棱两可，或者问题的答案并不是互相排斥而是交叉重合的，或者问题的答案数目过少等，这些都会影响调查资料的信度和效度。

③ 调查对象。调查对象是否抱有某种顾虑或抱着敷衍了事的态度，或者将某些情况轻描淡写，或者作不实的回答，这也会对调查结果产生影响。

④ 环境因素及其他偶然因素。调查时的环境、外界因素的干扰，在资料的编码、登录、录入计算机的过程中每一步骤都可能出现的疏忽或差错，这些都会降低调查资料的信度和效度。

(4) 提高调查信度和效度的主要途径　在调查中，可从调查者和被调查者的客观状况和主观态度，以及社会调查各个阶段、各个环节的工作，来提高对调查的信度和效度。具体提高调查信度和效度的主要途径有以下几种。

① 科学设计调查指标和调查方案。在设计调查指标时要努力做到：慎重提出研究假设，力求使研究假设具有较高的科学性；根据研究假设设计社会指标和调查指标，形成一个能正确说明调查主题的完整的指标体系；对每一个调查指标，设计出相对称的操作定义。

此外，设计调查方案要特别强调可行性原则和灵活性原则。调查目标的确定，调查内容、工具和方法的设计，调查人员和调查对象的选择等都要强调可行性。对调查工作的安排，则应强调一定的灵活性。违背这两个原则，必然会损害调查工作的信度和效度。

② 对调查人员，除慎重选择外，还必须加强培训和管理，努力使每个调查人员都具有敬业精神和实事求是的态度，并熟练掌握调查的基本方法和技能。如果调查人员不负责任，或者缺乏必要的调查方法和技能，那么调查的信度就会大打折扣，效度也必然下降。同样，调查对象对调查工作的其他概念的测量、合作程度、认知状况，以及对问题的理解能力和回答能力等，也会对调查的信度和效度产生影响。特别是在普查和抽样调查中，调查对象不能任意选择。因此，创造良好的调查氛围就显得尤为重要。

③ 落实各个环节的工作。农村社会经济调查全过程各个阶段、各个环节的工作，都会对调查的信度和效度产生直接或间接的影响。例如，抽样缺乏代表性，任意调换调查对象，调查方法使用不妥当，对调查问题发生误解，填写问卷或表格的字迹不清，思维加工的方

法不对等，都会降低调查工作的信度和效度。因此，只有切实抓好各个阶段、各个环节的工作，防止和纠正一切可能出现的差错，才能保证调查结果具有较高的信度和效度。

提高调查结果的信度和效度是涉及调查全过程的重大问题，对于提高调查结果的信度和效度来说，科学设计调查指标和调查方案是基础，认真培训、管理、教育调查人员和创造良好的调查氛围是关键，切实抓好各个阶段、各个环节的工作是必要条件。

二、调查资料整理的意义及要求

所谓资料整理，是根据调查的目的，对所获得的资料进行加工处理，使之系统化、条理化的过程。资料整理通常是对在调查活动中所获得的原始资料进行整理，也包括对所得到的整理过的资料进行再整理。

整理资料是调查工作的第二阶段。第一阶段所收集的资料大多是分散的、不全面的，有些还是不真实的，因此不能直接用其进行分析，需要根据调查目的对所有的材料进行科学的处理，去粗取精、去伪存真，使所有的材料能够为我所用，为调查研究服务。

1. 调查资料整理的意义

资料整理是深入研究工作的基础，直接关系到调查结果质量的高低，具体来说，资料整理具有以下几点重要意义。

（1）资料的整理是调查研究的重要阶段　运用文献法、观察法、访谈法等资料收集方法所获得的资料大多是凌乱、比较分散、不完整的，有的资料甚至是失真的。如果将这些资料不加以整理就直接进行分析，不仅在分析上有很大的难度，而且分析所得的结果也会失去利用价值。

（2）资料的整理是研究分析的基础　研究的目的在于描述事实、解释现象和探索本质，以进行科学预测和对策研究。客观事实现象的本质依赖于科学、准确的资料分析，资料的分析又依赖所用资料的正确性和完整性。因此，在进行分析工作前就应该对所有的资料进行整理，删减错误的、不合格的资料，以减少分析的误差。

（3）整理调查资料有利于保存原始资料　通过调查获得的原始数据，既是对现象进行分析研究的客观依据，又是今后研究同类现象的重要参考资料。只有通过数据整理，才能使原始资料具有真实性、可靠性和有用性，才能使原始调查数据具有长期保存和利用的价值。

（4）资料整理是简化分析步骤、提高分析效率的必要条件　未经整理的原始资料直接用于分析往往会造成麻烦，若在分析的过程中发现错误还需要重新修改；即使没有错误，也容易导致分析所得的结果难以面面俱到，或者会主次不分。

2. 调查资料整理的要求

（1）真实可靠性 整理的调查资料必须是客观的，实事求是的，不弄虚作假。

（2）具体生动性 有参考价值的材料，不仅要求真实可靠，还应具体生动。只有真实可靠、具体生动的材料才更有利于进行深入的分析，最终写出好的调查报告，使读者犹如身临其境，仿佛直接与被访者进行对话。

（3）代表性 保证整理后的资料具有典型的代表性是调查资料整理的关键之一。

（4）简明性 对资料进行有条理的整理，对资料的分析和运用有一个清晰的思路，为下一步的分析和调查报告的写作节省时间，减少不必要的麻烦。

（5）新颖性 在整理资料时多下功夫，即使是对同一问题的调查，也要从不同的角度加以考虑，找出与他人不同的角度加以整理，写出与前人不一样的有创新之处的文章，这样的文章才有可读性。

第二节
问卷资料的整理

在农村社会经济调查中，问卷调查是一个比较常用的方法。在调查中得到的问卷资料是较为分散复杂的，为了便于进行深入分析，通常应对问卷进行整理。问卷整理的步骤主要有问卷审核、问卷编码、数据录入。在接下来的章节中将具体介绍文字资料的整理和数据资料的整理。其中，文字资料和数据资料就包含了从问卷中获得的文字和数据。

一、问卷审核

问卷审核是将收集到的问卷资料汇总到一起，检查其是否正确、缺失，以保证问卷的质量的过程。

1. 问卷审核的方法

（1）逻辑审核 逻辑审核就是分析标志、数据之间是否符合逻辑，各个项目之间有无相互矛盾的地方。

（2）计算审核 计算审核就是检查调查资料中各项数据在计算方法和计算结果上是否

有误，数据的计量单位有无与规定不符的地方，等等。

（3）抽样审核　抽样审核就是从全部调查资料中抽取一部分资料进行抽样检验，用以推断全部调查资料的准确程度，并修正调查结果的方法。

2. 筛除无效问卷

（1）无效问卷的类别

① 所回收的问卷是不完整的。如缺页或多页；大面积无回答、相当多问题无回答、几个部分无回答、只有开头部分回答等应视为无效问卷；但个别问题无回答或同一个问题相当多问卷无回答则可以作为有效问卷。

② 调查对象不符合要求的。

③ 明显错误的回答。如前后不一致的回答、答非所问、不必回答的问题却回答了。

④ 答案选择高度一致。调查对象回答的差异性不大，如全部答案选一个选项。

⑤ 问卷是在事先规定的截止日期以后回收的。

（2）无效问卷的处理方法　对于无效问卷就应该坚决摒弃，以免影响分析的可信度和整个调查的质量。如果发现问卷出现一些小的错误时，能修改使其变得正确可用的，就应该及时修改或者补充，以提高问卷的回收率和调查质量。

3. 缺失数据的处理

数据少量的缺失回答是可以接受的，但如果缺失数据的比例超过了10%，就可能出现严重的问题，因此对缺失数据要做适当处理。缺失数据的处理方法主要有四种。

（1）用一个样本统计量的值去代替缺失数据。最典型的做法是使用变量的平均值。例如，对一个没有回答其收入的被访者，用该被访者所在的子样本的平均收入去代替。

（2）用从一个统计模型计算出来的值去代替缺失数据。根据某些数据，可以建立一种统计模型，如"产品使用程度"可能与"家庭规模""家庭收入"相关，利用回答了这三个问题的被访者数据可以构造一个回归方程。而对于某个没有回答"产品使用程度"的被访者，只要其"家庭规模""家庭收入"已知，就可以通过该方程计算出其值。

（3）将有缺失数据的个案整个删除。

（4）将有缺失数据的个案保留，仅在相应的分析中作必要的排除。

二、问卷编码

编码就是把原始资料转化成数字或者符号的过程，即将问卷中语词或句式回答转换成便于分析和计算机识别的数字、字符、字母符号的过程。科学的编码可以简化分析的步骤和减少分析的误差，因此对资料分析的意义重大。编码一般用于比较复杂、问题较多的调查，对于那些特别简单、问题较少的调查就不用进行编码，直接进行统计分析即可。

1. 问卷编码的类型

问卷编码类型有置前编码、置后编码和无回答编码三种。

（1）置前编码　是指事先对问题答案结构作规定的编码。这些问题多属于封闭性问题，其回答或规定为是/不是、赞成/中立/反对等形式，或规定为不需做转换的数字，如年龄、收入等。

置前编码的优点在于简化编码过程和手续，使被调查者可在回答问题时指明一个数码。经过置前编码的问卷亦可作为给每个数码下定义的编码簿来使用。

（2）置后编码　是指事先不能准确地肯定被调查者会给予所回收问卷上的问题什么回答或会有多少回答类别的编码。置后编码涉及的问题一般为开放性问题，这项工作是依靠编码簿和编码员的判断完成的。

（3）无回答编码　是指对问卷资料中那些无回答即调查对象对所规定回答的问题不作任何回答的问题统一编码。无回答编码最常用的数字是"0"。事实上，任何编码数字只要它区别于问题回答可能出现的数字，都可以使用。

2. 编码应遵循的原则

（1）唯一性原则　即每一个编码值只能对应一个特定的答案选项。同一编码值不能代表两个或两个以上的答案选项。

（2）穷尽性原则　所有的编码必须包含各种情况，不能使任何一个选项没有对应的编码。

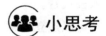小思考

> 你认为下面这种编码是否可以？
> 您希望孩子的教育达到什么水平？
> 1. 初中；2. 高中；3. 中专或大专

（3）直观性原则　有的问卷答案本身就是比较简单的数据，如家庭人口数、年龄等。直观简明的编码是非常必要的，既可以节省时间又可以提高录入的效率，减少录入时的出错率。

3. 编码簿的制作

编码簿是根据编码与相关的答案选项制定的类似于字典的小册子，是分析研究的指南，告诉研究者每一个变量在整个文件的位置和每一个编码所代表的意思。不论是先编码还是后编码，制作一本编码簿是很有必要的，因为编码的人与分析或者录入的人不一定是同一人，即使是同一人由于时间的原因也有可能遗忘之前编码的意思，导致分析时不知道编码所代表

的意思。倘若有一本编码簿，录入人员即使不是编码人员，只需对照一下编码簿就会知道各个编码代表的意思，降低录入的错误，编码人员也不会因为时间长而遗忘编码所代表的意思。

三、数据录入

1. 计算机录入

经过了编码处理，调查问卷中的大部分信息就转化成了一个个由数字 0~9 构成的数码，接下来的工作就是将这些数据输入计算机，以便于进行统计分析。数据输入就是将问卷资料所对应的代码通过扫描或用键盘逐步输入计算机，建立数据文件的过程。

资料的录入要求录入人员要耐心而且要特别细心，在进行数据录入时还应该进行多次检查，以保证问卷录入资料的质量。录入数据最常用的是 Excel 和 SPSS 软件。

2. 手工汇总

（1）问卷分类法　将全部问卷按照问项设计的顺序和分组处理的要求，依次对问项答案进行问卷分类，分别清点有关问卷的份数，就可得到各个问题答案的选答次数。

（2）折叠法　将全部调查问卷中的同一问项及答案折叠起来，并一张一张地叠在一起，用别针或回形针别好，然后计点各个答案选择的次数，填入事先设计的分组表内。

（3）划记法　事先设计好空白的分组统计表，然后对所有问卷中的相同问项的不同答案一份一份地进行查看，并用划记法划记（常用"正"）。全部问卷查看与划记完毕后，即可统计出相同问项下的不同答案的次数，最后录入正式的分组统计表上。

（4）卡片法　利用摘录卡作为记录工具，对开放式问题的回答或深层访谈的回答进行过录或记录，然后再依据这些卡片进行"意见归纳处理"。

随着计算机的普及，手工录入逐渐被计算机所取代。现在进行调查得到的数据都采用计算机录入汇总。

第三节
文字资料的整理

在农村社会经济调查中，定性资料一般为文字资料。文字资料包括文献资料、汇报材料、会议记录、访谈记录等。由于来源不同，具体的整理方法也略有差别，但通常情况下可以分为审查、分类、汇编三个步骤。

一、文字资料的审查

文字资料的审查一般是检验资料的真实性和合格性。

1. 真实性审查

真实性审查也称信度审查，即所得到的资料是否反映调查对象的客观现象和真实情况。文字资料真实性的审查通常可以采用以下几种方法。

（1）外观审查　从作者、编者、出版者、版本、印刷技术、纸张等外在情况来判断文献的真伪。

（2）内涵审查　从文献的内容、使用的词汇和概念、写作的技巧和风格等内在情况来判断文献的真伪。若发现资料内容有逻辑矛盾或违背事物发展的逻辑，就要仔细判断，对不符合事实的材料，应该重新核实、补充调查或剔除。

（3）经验审查　根据以往实践经验来判断资料的可靠性，如果发现资料中有明显违反实践经验的东西，那么就应该重新调查或核实。

（4）来源审查　根据资料的来源来判断资料的可靠性。一般地说，当事人反映的情况比局外人反映的情况可靠性大一些，多数人反映的情况比少数人反映的情况可靠性大一些，有文字记录的情况比在人群中口耳相传的情况可靠性大一些，多种来源互相印证的情况比单一来源反映的情况可靠性大一些，引用率高的文献比引用率低的文献可靠性大一些。

此外，观察和访问记录等文字资料的真实性审查，还可从记录的时间、地点、内容、语言、字迹和所使用的墨水等情况来判断。

2. 合格性审查

文字资料的合格性审查，主要是审查文字资料是否符合原设计要求。如果对调查对象的选择违背了设计要求，调查指标的解释和操作定义的使用发生了错误，有关数据的计算公式不正确、计量单位不统一，或者对询问问题的回答不完整、不符合要求、答非所问，以及记录的字迹无法辨认等，都应该列入不合格的调查资料。

对不真实或不合格的调查资料，一般都应该进行补充调查，使之成为真实的、合格的调查资料；在无法进行补充调查时，就应该坚决剔除，弃之不用，以免影响整个调查资料的真实性和科学性。

二、文字资料的分类

文字资料的分类，就是根据文字资料的性质、内容或特征，将相异的资料区别开来，将相同或相近的资料合为一类的过程。只有将在调查中所得到的文字资料进行科学的分类，才能对资料进行进一步的分析，得出正确的结论。实践证明，只有科学合理地对资料进行分类，才能得到高质量的调查结果。

文字资料分类是揭示事物内部结构的前提。要揭示事物的内部结构，必须首先将事物分为不同的组成部分，分类就是根据一定的标准把事物分为不同的组成部分，因而它就成为揭示事物内部结构的必要前提。

1. 文字资料分类的方法

文字资料的分类有两种方法，即前分类和后分类。

（1）前分类　是在设计调查提纲和表格时，就按照事物或现象的类别设计调查指标，然后再按分类指标来调查资料、整理资料的方法。这样，分类工作在调查前就已安排好。

（2）后分类　指在调查资料搜集之后，再根据资料的性质、内容或特征将它们分别集合成类的方法。如文献调查的资料。

2. 文字资料分类的原则

（1）科学性原则　即分类标准必须符合科学原理。

（2）客观性原则　即分类标准必须符合客观实际。

（3）互斥性原则　即分类后的各种类别必须互相排斥，每一条资料只能归于某一类，而不能既属于这一类别又属于那一类别。

（4）完整性原则　即分类后的各种类别必须完整，每一条资料都应该有所归属，而不应该有任何遗漏。

三、文字资料的汇编

文字资料的汇编是文字资料整理的最后一步。汇编，就是按照调查的目的和要求，对分类后的资料进行汇总和编辑，使之成为反映调查对象总体情况的系统、完整、集中、简明的材料。文字资料汇编的要求如下。

1. 确定合理的逻辑结构

对分类资料进行汇编，首先应根据调查的目的、要求和调查对象的具体情况，确定合理的逻辑结构，使汇编后的资料既能反映调查对象总体的真实情况，又能说明调查所要说明的问题。

2. 文字资料要完整和系统

所有可用的资料都要汇编到一起，大类小类要层次分明、井井有条，能系统、完整地反映调查对象总体的全貌。

3. 文字资料要简明和集中

要用尽可能简短、明了的文字，集中地说明调查对象总体的具体情况，并注明资料的来源和出处。如有必要，还可对资料的价值和作用等作简短述评，以供进一步研究参考。

第四节
数字资料的整理

数字资料也称定量资料，主要来源有问卷资料、结构性访问、观察记录、文献中的统计资料。数字资料的整理，一般要经过审核、分组、汇总、制作统计表或统计图四个步骤。

一、数字资料的审核

数字资料的审核主要包含完整性和合格性的审核。

1. 数字资料的完整性审核

完整性是指数字资料总体的完整性和单份资料的完整性。

2. 数字资料的合格性审核

合格性审核主要包括资料提供者的身份是否符合要求和所提供的资料是否正确。对数字资料的合格性的审核一般有三种方法。

（1）直观判断　即根据已有的经验或已知的情况来判断资料真实与否。就是根据已有经验来判断数字资料是否真实、正确。例如，已知某单位比较落后，而数字资料却超过了先进单位，那么对这些数字资料就应该进一步调查核实。

（2）逻辑判断　即从数字的逻辑关系来检验其是否正确、真实。通常情况下，正确的数字是与逻辑相符的，不符合逻辑的数字一般都是错误的。

（3）计算判断　即通过各种数字运算来审核有无错误。例如，各分组数字之和是否等于总数，各部分占总体的比例相加是否等于百分之百。

（4）数字资料的完整性检查　数字资料的完整性检查主要包括两个方面：一是检查应该调查的单位和每个单位应该填报的表格是否齐全，有没有漏单位或漏表格的现象；二是检查每张调查表格的填写是否完整，有没有缺报的指标或漏填的内容。

通过检验发现的各种问题，如表格不齐、答案不全、数字不真、计算错误等，都应及时查明原因，并采取相应措施予以补充或更正。对于一切无法补充或更正的数字资料，都应该作为无效资料剔除不计，以免影响整个数字资料的真实性和准确性。

二、数字资料的分组

分组，就是按照一定标志，把调查的数字资料分为不同的组成部分。分组的目的在于反映各组事物的数量特征，考察总体内部各组事物的构成状况，研究总体各个组成部分的相互关系，等等。分组的一般步骤是：选择分组标志，确定分组界限，编制变量数列。

1．选择分组标志

分组标志，就是分组的标准或依据。常用的分组标志有四种，即质量标志、数量标志、空间标志和时间标志。

（1）质量标志　就是按事物的性质或类别分组。例如，人口可按性别分为男人和女人，可按民族分为汉族和少数民族。按质量标志分组，可以把不同性质或类别的事物区别开来，有利于认识不同质的事物的数量特征，有利于对不同质的事物进行对比研究。

（2）数量标志　就是按事物的发展规模、水平、速度、比例等数量特征分组。按数量标志分组，可以把不同发展规模、水平、速度、比例的事物区别开来，有利于从数量上准确认识客观事物，有利于对不同数量特征事物之间的关系进行分析和研究。

（3）空间标志　就是按事物的地理位置、区域范围等空间特性分组。按空间标志分组，可以把不同地域的事物区别开来，有利于了解事物的空间分布状况，有利于对不同地理位置、区域范围内的事物进行对比研究。

（4）时间标志　就是按事物的持续性和先后顺序分组。按时间标志分组，可把不同时点或时期的事物区别开来，有利于认识事物在不同时点或时期的变化，有利于揭示事物不断运动、变化、发展的趋势。

上述四种标志是最基本的分组标志。选择分组标志，是数字资料分组中的关键问题。因为分组标志的选择是否正确，直接关系到分组的科学性，关系到分组结果能否正确反映调查对象的总体情况。因此，在实际工作中，一定要根据调查的目的和要求，以科学理论为指导，实事求是地慎重选择分组标志。

2. 确定分组界限

分组界限，是指划分组与组之间的间隔限度。确定分组界限，包括组数、组距、组限、组中值的确定和计算等内容。

(1) 组数　就是组的数量。组数的确定，应从实际出发。

当数量标志变动范围很小，而且标志值项数不多时，可直接将每个标志值确定为一组。这时，组数等于数量标志值的项数。例如，调查农村7～12岁学龄儿童入学率，就可将每1岁的儿童确定为一组。

当数量标志变动范围很大，而且标志值项数又很多时，就可将邻近的几个标志值合为一组，以减少组的数量。例如，调查人口的年龄结构，就可将邻近的5个年龄合为一组，这样可大大减少组数。

(2) 组距　就是各组中最大数值与最小数值之间的距离。确定组距后，应编制组距数列。编制的组距数列，各组组距相等的，叫等组距数列；各组组距不相等的，叫不等组距数列。确定组距数列时，究竟采用等组距数列还是不等组距数列，应从实际情况出发。如编制等组距数列，应先确定组数，再用全部变量的最大值与最小值之间的差距即全距除以组数，就可得出组距的大小。如编制不等组距数列，就应根据研究任务的实际需要来确定组距。例如，某地区对农民收入进行分组时，采用不等组距数列确定组距：年人均纯收入1000元以下的为贫困户；1001～2000元的为温饱户；2001～4000元的为小康户；4001～8000元的为宽裕户；8000元以上的为富裕户。

(3) 组限　就是组距两端数值的限度。一般将每组的起点数值（最小数值）称为下限，终点数值（最大数值）称为上限。

组限有两种表现形式，一种是封闭式组限，即在变量数列中最小组的下限值和最大组的上限值都是确定的；一种是开口式组限，即在变量数列中最小组的下限值或最大组的上限值是不确定的。

划分组限后，如果某一数值正好与某一组组限的起点值或终点值相同，就应该遵循统计学中的"上限不在内"的原则，将某一数值划归属于下限的那一组。

(4) 组中值　就是各组标志值的代表值。组中值是根据各组组距上限与下限之间的中点数值确定的。

封闭式组距数列组中值的计算公式是

$$组中值=(下限+上限)/2$$

开口式组距数列组中值的计算公式是

$$缺下限的组中值=开口组上限-相邻组的组距/2$$

$$缺上限的组中值=开口组下限+相邻组的组距/2$$

3. 编制变量数列

数量标志中可以取不同数值的量，统计上称为变量。把数量标志的不同数值编制为数列，称为编制变量数列。选择分组标志、确定分组界限之后，就可编制变量数列，即把各数量标志的数值汇总归入适当的变量数列表中。

三、数字资料的汇总

数字资料汇总，就是根据研究目的把分组后的数字汇集至有关表格中，并进行计算和加总，以集中、系统的形式反映调查对象总体的数量情况。

（1）次数或频数　指变量为某一取值的个数。

（2）频率　即某一取值的数字个数与总体数据之比，常用比例或百分数表示。

（3）次数分布　是将总体中的所有单位按某个标志分组后，所形成的总体单位数在组之间的分布。分布在各组的总体单位数叫作次数或频数。各组次数与总次数之比叫作比重、比率或频率。

（4）次数分布实质　是反映统计总体中所有单位在各组的分布状态和分布特征的一个数列，也可以称作次数分配数列，简称分布数列。例如，某村人口按性别进行分组形成的次数分布如表 7-1 所示。

表 7-1　某村人口按性别分组情况

性别	人数/人	比重/%
男	250	32.1
女	530	67.9
合计	780	100.0

 第三次全国农业普查数据处理

第三次全国农业普查（简称"三农普"）数据处理工作遵循"创新管理，提高效率"的原则，充分利用现代信息技术，实现普查数据处理的信息化、网络化，全面提升普查数据处理工作效率和数据质量。

一、工作原则

三农普数据处理工作按照"统一标准、分级负责、规范管理、安全高效"的原则进行。

二、数据处理流程

本次普查的数据处理是按照"移动采集、网上报送、两级部署、四级审核"的工作模式进行。数据处理流程如下。

1. 入户前准备

在普查入户登记前，普查员领取移动采集终端（以下简称"PDA"）进行注册，接收数据采集应用程序、普查制度等，并进行数据应用程序的安装和普查制度的加载。

2. 数据采集与报送

三农普根据不同的调查对象，采用不同的数据采集和数据报送方式。

3. 数据审核与验收

县、地市、省级普查机构利用普查数据处理系统在规定的时间内完成数据审核、查询、验收等工作。普查数据经省级普查机构审核确认后，向国务院农普办上报净化后的普查数据和审核报告单。国务院农普办接收、审核和验收省级普查机构上报的数据和审核报告单。

4. 数据汇总

国务院农普办对验收后的普查数据进行汇总。

5. 数据反馈与归档

普查数据经国务院农普办评估后进行反馈并归档。

三、数据处理软件

普查数据处理软件由国务院农普办统一开发，包括：移动采集终端管理系统、PDA数据采集程序、普查数据处理系统等。移动采集终端管理系统和普查数据处理系统分别在国家、31个省（自治区、直辖市）和新疆生产建设兵团进行两级部署。

四、组织实施

国务院农普办设立数据处理组，统一部署、组织和实施三农普数据处理工作。各级普查机构应按照国务院农普办的组织形式，成立数据处理组。各级数据处理组接受上级数据处理组的业务管理和技术指导，并在本级农普办的领导下，负责组织实施本级的数据处理工作。

1. 准备阶段

主要任务是做好三农普数据处理前期的各项准备工作，包括制定三农普数据处理方案和实施细则；制定有关数据处理的各类标准；数据处理软件和硬件的采购；组织数据处理工作试点；数据处理软硬件的技术培训；数据处理环境的搭建等。

2. 数据处理和上报阶段

本阶段的主要任务包括：组织普查员完成普查数据的现场录入和数据上传；组

织乡级普查机构进行数据的网上报送；组织完成数据审核、验收、汇总和数据归档等工作。

3. 资料开发阶段

本阶段的主要工作任务是完成三农普汇编资料的分类汇总等工作。

4. 工作总结阶段

从工作组织、系统环境保障、技术方案、主要问题及经验等方面，对本次数据处理工作进行认真总结。

启示：数据处理在调查资料整理工作中占有重要地位，运用现代信息技术，实现普查数据处理的信息化、网络化，是全面提升普查数据处理工作效率和数据质量的重要手段。

四、制作统计表或统计图

（一）统计表

统计表是以纵横交叉的线条绘制表格来展示数据的一种形式。用统计表展示数据资料有两大优点：一是能有条理地、系统地排列数据，使人们阅读时一目了然，印象深刻；二是能合理地、科学地组织数据，便于人们阅读时对照比较。

1. 统计表的结构

① 统计表从形式上看，是由总标题、横行标题、纵栏标题、指标数值四个部分构成。

总标题：统计表的名称，概括统计表的内容，写在表的上端中部。

横行标题：横行的名称，即各组的名称，写在表的左方。

纵栏标题：纵栏的名称，即指标或变量的名称，写在表的上方。

指标数值：列在横行标题和纵栏标题交叉对应处。

例如，某市2020年1～4季度农林牧渔业生产情况统计表如表7-2所示。

表7-2　某市2020年1～4季度农林牧渔业生产情况

项目	单位	2020年1～4季度	同比增长/%
农林牧渔业总产值	亿元	263.4	−6.5
种植业	亿元	205.3	−5.8
养殖业	亿元	49.3	−9.7

续表

项目	单位	2020年1~4季度	同比增长/%
农副产品产量	—		
蔬菜及食用菌	万吨	137.9	23.7
禽蛋	万吨	9.7	1.2
牛奶	万吨	24.2	−8.2
生猪出栏数	万头	17.6	−38.1
生猪存栏数	万头	32.2	143.9
休闲观光农业情况	—		
观光园	—		
总收入	万元	154527.6	−33.4
接待人次	万人次	867.2	−43.6
乡村旅游			
总收入	万元	95269.9	−34.0
接待人次	万人次	1010.3	−47.4

注：农林牧渔业总产值增速按现价计算，若扣除价格因素影响，实际下降9.4%。

② 统计表从内容上看，由主词或宾词两大部分构成。主词是统计表所要说明的总体的各个构成部分或组别的名称，列在横行标题的位置。宾词是统计表所要说明的统计指标或变量的名称和数值，宾词中的指标名称列在纵栏标题的位置。有时为了编排的合理和使用的方便，主词和宾词的位置可以互换。

2. 编制统计表时需注意的问题

① 一级标题的文字应简短概括，能够确切说明表的内容、统计的时间和地区。

② 横纵栏的排列尽量反映内容之间的逻辑关系。

③ 表格一般为左右两端开放式的三线式表格，上下两端的线是封闭的粗线，其他线刻为细线。

④ 表格中的数字应填写清楚，一般是右对齐；调查不到的缺项数字应用"……"标明；数字是零时用"—"表示，表格中的文字一般是左对齐。

⑤ 通过查找文献所得到的统计表要注明资料来源，对于需要说明的特殊情况，则需要在附注中说明详细的情况。

（二）统计图

统计图是以圆点的多少、直线长短、曲线起伏、条形长短、柱状高低、圆饼面积、体积大小、实物形象大小或多少、地图分布等形式来展示调研数据。用统计图展示调研数据具有"一图抵千字"的表达效果，因为图形能给人以深刻而明确的印象，能揭示现象发展变化的结构、趋势、相互关系和变化规律，便于表达、宣传、讲演和辅助统计分析。统计图能包含的统计项目较少，且只能显示出调查数据的概数，故统计图常配合统计表使用。绘制统计图要有明确的目的和任务，并根据绘图的目的任务和资料本身的特征选取适合的图形。图示的内容要简明扼要，突出重点。图示的标题、数据单位和文字说明等，都应简明清晰、一目了然，便于掌握。图形的设计要科学和准确，必须依据准确的资料，进行加工和计算，做到图示准确、数据分明、表示真实。

随着计算机科学的发展，计算机的功能也越来越强大，使用计算机绘制相关的统计图也越来越方便快捷。按照表现形式的不同，统计图可以分为几何图、象形图和统计地图三种类型。

1．几何图

根据统计数据，用几何图形、事物形象和地图等绘制的各种图形。它能够直观、形象、生动、具体地表现数据资料，使比较复杂的统计数据简单、系统，让人一目了然，便于理解和进行下一步的分析。常见的几何图有条形统计图、扇形统计图和折线统计图等。

（1）条形统计图　用一个单位长度表示一定的数量，根据数量的多少，画出长短相应成比例的直条，并按一定顺序排列起来。条形统计图可以清楚地表明各种数量的多少，是统计图资料分析中最常用的图形。如图 7-1 所示。

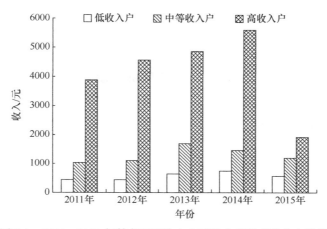

图 7-1　2011—2015 年某市不同收入水平的农户财产性收入比较

（2）扇形统计图（饼图）　以一个圆的面积表示事物的总体，以扇形面积表示部分占总体的百分数的统计图，也叫作百分数比较图。它可以清楚反映出部分与部分、部分与整体之间的关系。扇形统计图最大的特点是能够直观地从图上了解到总体的每个组成部分所占的比例和大小。

(3) 折线统计图 以折线的上升或下降来表示统计数量的增减变化的统计图。与条形统计图相比，折线统计图不仅可以表示数量的多少，而且可以反映同一事物在不同时间的发展变化情况。如图 7-2 所示。

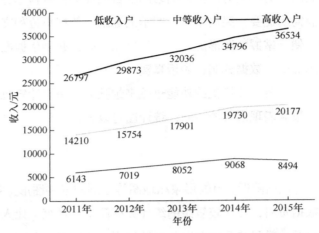

图 7-2 2011—2015 年某市不同收入水平的农户可支配收入

2. 象形图

象形图就是用形象来表现数据的图形，这样的统计数据主要来源于参与式调查所得到的结果。象形图主要包括展示板、壁画、墙报、张贴画等。

3. 统计地图

统计地图以地图为背景，用点、线、面等来展现统计资料的趋势。在农村经济调查中，主要运用的是定位统计图。统计地图可形象地反映、揭示同一统计项目不同统计标准间的同一性和差异性，以分析它们在自然和社会经济现象中的分布特征。它主要表现各种社会经济现象的特征、规模、水平、结构、地理分布、相互依存关系及其发展趋势。

第五节
调查资料的分析

调查资料的分析是农村社会经济调查活动的一个重要阶段，它虽是相对独立的阶段，但从内容和方法上讲，它和前几个阶段是密切联系的，是调查工作的最后环节，其质量直接影响调查的质量。

一、调查资料分析的概念和原则

1. 调查资料分析的概念

调查资料分析是根据调查研究的目的，在科学的理论指导下，以客观调查资料为依据，结合具体实际情况，对社会经济现象总体进行系统的分析研究，从而认识事物的本质和发展规律的一种分析方法。

2. 调查资料分析的原则

（1）坚持正确的理论指导　调查资料综合分析是在一定的理论指导下进行的，要坚持马克思主义基本原理，运用辩证唯物主义和历史唯物主义的立场、观点和方法，坚持党的基本路线。同时要注意吸收和借鉴一些西方的经济理论和方法，但不能不加分析地生搬硬套。

（2）坚持实事求是　实事求是是从事一切工作和科学研究必须遵循的基本原则。进行调查资料综合分析如果背离这一原则，提供虚假的信息和与实际情况不相符的错误结论、建议，那么不但调查的职能作用得不到发挥，甚至会使社会主义现代化建设遭受损失。一是要从被研究现象所处的具体时间、地点、条件的具体情况出发进行分析研究，结论要产生于研究情况的末尾。二是要尊重客观事实，坚持原则，如实反映情况，得出结论。三是要有较高的认识和分析事物的能力，以保证综合分析的结论尽可能符合客观实际。

（3）用全面、发展的观点看问题　社会经济调查要从整体上认识社会经济现象。全面、发展地看问题的观点，是唯物辩证法的重要观点。树立这一观点是我们正确分析问题、解决问题的前提条件。全面看问题，就是要从整体上、从事物的相互联系和相互制约中分析问题，从事实的总和出发而不是从随意的个别事实出发，也不能只抓住事物的某一方面而忽略其他方面。

二、调查资料分析的基本步骤

1. 根据分析目的，选定分析题目

分析调查资料要有针对性，根据分析的目的选定分析题目。分析目的是分析的灵魂，是作者分析社会现象、揭示事物本质所形成的中心思想或基本观点。正确提炼主题，是统计分析的关键。此外，选题还要有预见性，能超前提出即将出现的问题。

确定分析目的，选定分析题目，可根据各时期党和政府在农村的方针、政策和工作重心的要求选择问题，也可根据农民的生产、生活的热点与难点来选择，努力做到正确、集中、深刻、新颖和对称。

2. 精选材料

调查资料分析以调查数据资料为基础，采集、积累什么材料，主要取决于研究课题的内容和所涉及的领域。为了充分论证主题，应该精心选择以下几种类型的材料。

(1) 典型材料　是最能反映事物本质、说明和表现主题的材料，如典型事件、典型例证、典型经验、典型事迹等。典型材料必须真实、具体、生动，具有代表性。典型材料的运用，有助于说明事物的本质，加深对问题的认识，增强说服力。

(2) 综合材料　是指能说明事物总体概貌的材料。写作时，要注意处理好典型材料和综合材料的关系，没有综合材料说明不了广度，缺少典型材料体现不了深度，只有把这两种材料有机地结合起来，才能充分说明事物总体的状况。

(3) 对比材料　是一组具有可比性的材料。如历史与现实的对比，成功与失败的对比，新与旧的对比，好与坏的对比，优点与缺点的对比，先进与落后的对比，等等。有比较才有鉴别。通过对比，可以使调查报告的主题更加突出，给人以更强烈、更深刻的印象。

(4) 统计材料　包括绝对数、相对数、平均数、指数、动态数列等。统计材料有很强的概括力、表现力，而且有具体性、准确性的特点。许多问题用文字很难表达清楚，但如果选用恰当的统计材料就可一目了然。因此，恰当地使用统计材料，对于论证基本观点、突出报告主题，以及增强调查报告的科学性、准确性和说服力具有重要作用。

3. 运用各种方法进行统计分析，得出结论，提出建议

这是调查分析研究中最重要的环节，它是依据经过鉴别、整理的资料，进行分析的过程。统计分析必须保持客观态度，应严格保持中立态度，用具体事实说话，而不要轻易作判断、下结论；如果是因果性、学术性、应用性的调查报告，无论是讲道理、下结论，还是指出问题、提出建议，都应以事实为根据，而不能离开事实空发议论。

4. 根据分析结果，形成调查分析报告

正规的调查分析要形成文字，写出分析报告，以供有关方面使用或参考，这是调查分析的最后程序，是研究成果的集中表现。有关调查分析报告的写作，将在后面论述。

三、调查资料分析的方法

（一）调查资料的定性分析

调查资料的定性分析是据事论理，用思辨的方式，依靠个人经验判断能力和直观材料，确定社会现象或事物发展变化的性质和趋向，以划清事物性质界限的方法。定性分析根本方法是哲学方法，即揭示事物发展的一般规律的方法。除此之外，还可以采用系统方法、逻辑方法。

1. 矛盾分析法

矛盾分析法是运用唯物辩证法对立统一的原理，具体分析事物内部矛盾及其运动状况，从而认识客观事物的方法。其具体做法分三个步骤。

① 从调查所得的大量材料中找到事物的矛盾，即找到问题。因为问题即是应该消除或缩小的差距，差距就是矛盾。

② 对事物存在的矛盾进行分类，看它们是属于历史遗留还是现实产生，客观存在还是主观思想，自然条件还是人为造成，局部还是全局，根本还是枝节，眼前还是长远的矛盾。

③ 分析矛盾的对立面，考察矛盾的主要方面与矛盾的其他方面互相依存、斗争、转化的条件，从而把握矛盾的特性。

2. 比较分析法

调查资料分析常用的比较方法有横向比较和纵向比较。常用的分类方法为：先进行比较，弄清事物的异同，根据共同点将事物归集为一大类，然后再根据差异将大类划分为几个小类，依此类推，事物就被分为具有一定从属关系的、不同层次的大小类别，明确地反映出客观事物之间的区别和联系。

3. 因素分析法

因素分析法是从调查资料中寻找出对事物产生、发展、运动起作用的要素，通过系统的分析和科学的归纳，探寻到对事物变化起着关键作用的要素系列，掌握决定事物变化的原因，从而了解事物的本质及其运动规律的方法。

① 把蕴藏在现象之中的各个方面的基本因素清理出来，并在初步分析的基础上，将它们按一定的标准组成一个有机的多层面的网络结构。影响事物变化有种种因素，归纳起来可以分为外因（客观因素）和内因（主观因素）两大因素系列。在这一层面下，又可以从不同角度将因素分为：主要因素、次要因素；积极因素、消极因素；一般因素、特殊因素；直接因素、间接因素；必然因素、偶然因素；历史因素、现实因素；起始因素、终极因素；潜在因素、诱发因素；经济因素、社会因素、学校因素（或工作单位因素）、

家庭因素、个人因素等。各个系列因素有可能相互交织，错综复杂，显现出一种网络状态。

② 通过对这一网络的分析，从总体上考察研究对象，分析出现某一社会现象的综合原因。这就要求首先应实事求是地把握诸因素的内部联系，把握其特征和转化规律，对事物的总体进行多维的、系统的，内因与外因、客观与微观相结合的辩证的分析。其次是进行关系分析，即对因素与因素之间的各种关系进行分析。要着重分析因素之间的因果关系、功能关系、转化关系、共因关系。共因往往是事物存在或变化的最根本的原因，从而能够找到问题的关键，抓住事物的本质。最后是进行因素树分析。

定性分析除了以上方法外，还有分析综合法、归纳演绎法、科学抽象法、社区研究法、历史研究法等多种方法。

（二）调查资料的定量分析

调查资料的定量分析是对社会现象或事物的规模、范围、程度、速度等方面数量关系的情况和变化进行变量计算和考察分析，弄清其数量特征的方法。简言之，就是从事物数量方面入手进行分析研究。目前，在调查研究中进行定量分析已越来越普遍，使用定性、定量相结合的方法已成为主要趋势，也是调查研究走向完善的标志。定量分析的基本方法有以下几种。

1. 统计分析法

统计分析法是运用统计学的原理，对社会调查报告所得的数据资料进行综合处理，分析现象在一定时间、地点、条件下的数量关系，以揭示事物的性质、特点及其变化规律的过程和方法。统计分析法包括描述分析和统计推论两个部分。

（1）描述分析　是整理加工收集到的数据，找出其中的规律以及现象之间的关系，并用统计量对这些资料进行描述。它主要包括：编制次数分布表，绘制次数分布曲线，测绘现象的集中趋势、离散趋势以及现象之间的相关关系等。例如，研究农村居民近五年来生活水平的提高情况，可根据调查所得的材料，把每户居民年收入划分为六个等级：20000元以上、17000~20000元、14000~17000元、11000~14000元、8000~11000元、8000元以下。然后计算每一个等级中有多少户居民，这就是事件次数分布统计；计算各等级居民在全体居民中所占的比重，就是比例分布统计；计算全体居民的平均收入，就是对这个数列的集中趋势的统计；计算全体居民平均相差多少钱，就是离散趋势的统计。

（2）统计推论　指在随机抽样调查的基础上，根据样本资料对全体进行推论。它常用的方法有两种：区间估计和统计假设检验。

2. 回归分析法

回归分析法是在定量分析中使用最为频繁的方法之一。它是在掌握大量观察数据的基础上，建立自变量与因变量的回归关系函数式，研究自变量与因变量之间的相互关系是线性还是非线性的。通过大量数据分析，揭示经济现象变化规律。

3. 社会测量法

社会测量法是心理学家莫里诺于1934年提出的一种研究方法。它主要用于研究团体内（特别是小团体）成员之间人际关系和人际相互作用的模式，即所谓社会结构，通过社会测量，人们可以了解人的人际知觉方式、团体凝聚力等团体特征。根据要求，社会测量常用以下几种方式。

（1）等级排列法　将团体其他成员按喜爱程度排出等级顺序，然后对等级顺序进行加权记分。例如，给"最好"的同伴记3分，给"第二好"的同伴记2分，给"第三好"的人记1分。再以这些分数乘以被选次数，得出每个人的等级分数。

（2）靶式社会图　这种方式以靶图方式标出被选频次，靶心为频次最高的人，越向外周，被人选择的次数越少。

（3）"猜测"技术　这种方法给受测人呈现一些有关积极或消极特征的简短描述，让他们列出与这一系列描述相匹配的人，然后根据这些选择做出分析。

本章小结

调查资料整理是从调查到研究的过渡阶段，是从感性认识上升到理性认识的必经之路。调查质量的高低，很大程度上取决于调查资料整理质量的好坏。资料的审核是指研究者对所收集的原始资料（主要是调查问卷）进行初步的审阅，校正错填、误填的答案，剔除乱填、空白和严重缺答的资料的过程。资料包括文字资料、数字资料、问卷资料等。统计资料整理的结果可通过统计表、统计图等形式展现。调查资料分析是在资料整理的基础上，对社会经济现象总体进行系统的分析研究，从而认识事物的本质和发展规律的一种分析方法。

思考与练习

1. 什么是调查资料整理？调查资料整理的意义是什么？

2. 资料整理有什么要求?
3. 问卷的编码分为哪几种?
4. 简述统计表的含义及类型。
5. 什么是资料分析?资料分析应注意哪些问题?

PPT 课件

第八章
农村社会经济调查报告的撰写

学习目标

1. 了解农村社会经济调查报告的类型、特点及其作用。
2. 熟悉农村社会经济调查报告的写作格式和结构。
3. 掌握农村社会经济调查报告的写作方式。

思政与职业素养目标

通过撰写报告,培养透过现象看本质、理论联系实际的能力。

张河口村农业发展情况调研报告

位于鲁苏豫皖四省交界的山东省菏泽市成武县张河口村,是成武县最早一批开始种植大棚蔬菜的村庄。早些年种植大棚蔬菜效益比种植小麦、玉米、棉花的收益要高一些,这让乡亲们尝到了甜头,生活水平得到了改善。近些年来大棚蔬菜的种植面积逐年缩小,村里的青壮年劳动力都外出打工了,经济作物被省事省力的玉米、小麦等作物替代,这究竟是什么原因呢?

经过调查发现,产生这个问题的原因主要有两个方面:一是农业投入增加,二是农业收益不稳定。针对这两个问题,张河口村主要采取以下对策:一是完善农业保险制度。从国家层面完善小农户农业政策性保险,根据各地特色作物、主要作物推动保险产品创新,努力做到大宗作物全覆盖。建议保险政策透明化,让农民自主选择是否保险,依据打算的真实种植面积来购买保险,让保险真正发挥保障作用,减轻市场不稳定对小农带来的冲击。二是优化基层农技服务体系。国家层面要重视农技推广体系"最后一公里"问题,着力解决基层尤其是县级以下农技服务体系建设,提高农技服务的覆盖面和精准度,让农民种地有人可问、有技可循。科学种地,利用现代化通信工具,在生产前和生产中及时给予用肥、用药指导,减少农药化肥的不必要投入,降低农业投入,从而真正实现"藏粮于技",提升农民收入。三是"激活"农民专业合作社。政府应该加强引导,真正发挥农民合作社其互助性经济组织的职能，利用合作社平台，降低生产资料购买价格，打造农作物品牌（如可打造纯绿色无公害的芸豆品牌），提高市场谈判权和话语权，真正实现为社员办实事、为社员谋福利。四是建好用好"扶贫车间"。自脱贫攻坚战打响以来，菏泽就探索创新了扶贫车间这一就业扶贫模式，为村民提供了"家门口就业"的新途径，实现了村民们足不出村就可以就业。

启示："三农"工作者应围绕社会关切、农民关心的热点难点和"三农"发展实际问题，深入田间地头、农家炕头，从不起眼的细节里体会变迁，从鲜活的事例中总结经验，撰写调查报告，生动反映所在地方农村经济社会发展、治理工作和村民的生产生活变化，为各级政府制定农村政策提供依据。

重点导读

撰写调查报告是整个社会调查活动的最后环节，它的作用就是把调查研究的结果以文字数字、图表等形式传达给他人，同其他人进行交流。调查报告是一项社会调查研究成果的集中体现，其撰写的好坏将直接影响到整个社会调查研究工作的成果质量和社会作用。

在撰写调查报告时，调查工作者既要熟悉掌握党政近期工作目标、总体思路、工作部署、具体要求，以及出台的各种政策、采取的各种措施等，又要时刻注意理论界的新动态、新观点、关心国内外时事形势和政策变化，加强对新经济理论知识的学习与积累，聚焦经济发展的新特点、新趋势，为政府、社会、企业决策提供服务。

第一节
农村社会经济调查报告的类型、特点及其作用

调查报告是对整个社会调查研究过程的全面总结，是反映社会调查研究成果的书面报告，它以文字数字、图表等形式将调查研究的方法、过程、结果和结论表现出来。其目的是要告诉有关读者，对于所调查研究的社会现象或问题是如何开展调查的，采用了哪些方法，取得了哪些成果，发现了哪些规律，揭露了哪些矛盾，形成了哪些结论，有什么理论意义和现实意义，等等。

一、调查报告的概念

调查报告是文字和数字相结合的一种特定应用文体，是用确凿的统计数据和简洁朴素

的文字来描述和分析调查的过程和结果，是调查结果的最终形式。调查分析研究的成果有多种表达形式，如口头报告、在有关问题讨论会上发言、墙报、广播、网络等，但最主要的形式还是书面的调查分析报告。因为书面的调查分析报告可以较详细地、系统地把分析的结果表达出来。同时，这种调查分析报告印发后，可以在较大的范围内发挥作用。书面的调查分析报告还便于资料的积累和以后查阅。

调查报告是调查工作的最终成果。一般来说，高质量的调查报告来自高质量的调查设计、调查工作、调查整理和调查分析。所以，调查报告的质量如何，也反映了调查工作的水平，这是一个非常重要的综合标准。另外，统计分析的结果虽可以用多种形式表达（如表格式、图形式、文章式等），但最常用的是调查报告。

二、调查报告的类型

由于社会调查研究课题的性质多样、内容广泛，调查的目的和作用又有较大的不同，因而形成的调查报告有多种类型。根据调查报告的性质、内容、用途、读者对象等方面的不同，可将调查报告分为以下几种类型。

（一）应用性调查报告与学术性调查报告

根据调查报告的主要目的和读者对象不同，可将其分为应用性调查报告和学术性调查报告。这两类报告在读者对象、目的、撰写要求等方面都存在较大的差异。

1. 读者对象不同

应用性调查报告往往以各级政府部门、各类实际工作部门的领导和有关工作人员为读者对象。

学术性调查报告则主要以专业研究人员，尤其是与研究者相同或相近的专业研究人员为读者对象。

2. 目的不同

应用性调查报告以了解和描述社会现实情况、提供社会决策参考、解决实际社会问题为主要目的，对于各级政府决策和实践部门了解社会情况、分析社会问题、制定社会政策、开展社会工作有着重要的参考作用，对社会舆论的形成和引导也具有较大影响。这类调查报告，又可分为以认识社会为主要目的的调查报告、以政策研究为主要目的的调查报告、以总结经验为主要目的的调查报告、以揭露问题为主要目的的调查报告、以支持新生事物为主要目的的调查报告、以思想教育为主要目的的调查报告等。

学术性调查报告则着重于对社会现象的理论探讨，即分析各种社会现象之间的相关关系和因果关系，以及通过对实地调查资料的分析或归纳，达到检验理论或建构理论的目的。

3. 撰写要求不同

应用性调查报告更强调对调查结果的描述、说明和应用，而对调查的方法、过程及使用的工具往往介绍不多。同时，应用性调查报告的语言往往更加大众化，对社会现象的描述和分析没有十分固定的格式，更多地采取直观的方式进行说明。

学术性调查报告则往往需要运用各个学科的有关理论和概念，并且要对相关理论和概念做明确的说明和界定；要求详细地描述研究过程与方法，如选题的背景、样本的抽取、变量的测量、资料的收集等方面都要做详细介绍；在形式上有比较固定和严格的格式，结构更加严谨；在论述的语言上要求更加客观、更加严密。

（二）描述性调查报告与解释性调查报告

根据调查报告的主要功能不同，可将其分为描述性调查报告和解释性调查报告。这两类报告的区别如下。

1. 功能不同

描述性调查报告的功能在于对所调查的社会现象或社会问题进行系统、全面、准确的描述，其主要目的是通过对调查资料和结果的详细描述，向读者展示某一社会现象或社会问题的基本状况、发展过程和主要特点。对于那些以弄清现状、找出特点为目的的社会调查来说，描述性调查报告是其结果最适当的表达形式。

解释性调查报告的功能在于用调查所得资料来解释和说明某类社会现象或社会问题产生的原因，或说明不同社会现象之间的关系。这类报告中虽然对社会现象有一定的描述，但这种描述不像描述性调查报告那样全面详细。

2. 撰写要求不同

描述性调查报告强调内容广泛和详细，要求面面俱到，同时十分注重描述的清晰性、全面性和系统性，力求对某种社会现象或社会问题进行一次全面的、系统的反映。

解释性调查报告则强调内容的集中与深入，注重解释的实证性和针对性，力求给人以合理且深刻的说明。

（三）综合性调查报告和专题性调查报告

根据调查报告的主题范围不同，可将其分为综合性调查报告与专题性调查报告。这两类报告的区别如下。

1. 主题范围不同

综合性调查报告是指对某一社会现象或社会问题的基本情况、发展过程、主要特点作比较全面、系统、完整、具体的介绍的调查报告。当一项调查涉及某一社会现象各方面的内容、状况、特点、规律时，其报告往往采取综合性调查报告的形式。

专题性调查报告是针对社会生活中的某个问题、某个现象而撰写的报告，这些问题可以是典型经验、专题情况、新生事物、历史事件或存在的问题等。这类调查报告的特点是内容比较专一，问题比较集中，分析比较深入。

2. 撰写要求不同

综合性调查报告所依据的资料广泛但往往比较表面，专题性调查报告所依据的资料深入但往往比较狭窄；综合性调查报告力求全面，篇幅往往比较长，而专题性调查报告力求鲜明突出，针对性强，篇幅相对要短一些；从功能上看，综合性调查报告主要是描述性的，而专题性调查报告既要描述又要进行解释。

三、调查报告的特点

1. 客观准确性和时效性

调查报告作为整个调查活动的最后一步，是整个活动的总结，也是研究成果的体现。正因如此，调查报告要严格遵守客观真实的原则，恪守实事求是的宗旨。准确是统计调查报告乃至整个调查工作的生命。调查报告的准确性除了要求情况真实不能有虚假，数据准确不能有丝毫差错之外，还要求论述有理，不能违反逻辑；观点正确，不能出现谬误；建议可行，不能脱离实际。无论是通过研究去认识事物，或通过反映去表现事物，调查报告要以数据为语言，并辅之以统计表和统计图来具体而明确地进行表述。调查报告所使用的统计数据不是个别的、简单的、杂乱无章的，而是相互联系的、具有逻辑关系的统计数据。

调查报告具有很强的时效性，失去了时效性也就失去了实用性，统计分析报告写得再好，也成了无效劳动。

2. 相对确定的结构

调查报告作为一种反映客观事实的书面报告，不是对材料、问题、情况的简单堆砌。在整个调查报告内容上，贯穿着一条逻辑清晰、推理缜密的主线，通过对事实和数据资料的严密论证推理、事物发展变化的趋势和原因的分析，把事物发展中出现的各种问题呈现在大家的面前。其突出特点是层次分明，脉络清晰。一般是先针对问题亮出观点，然后摆数据和事实进行论证，在进行科学分析的基础上最后提出对策和建议。

3. 鲜明的目的性

调查研究以解决一定的问题为目的，它们或者是现实问题，或者是理论问题，或者是两者兼而有之。所以，作为调查研究结果呈现形式的调查报告，也必须紧紧围绕这个中心，不能泛泛而谈，要针对调查目的回答所要解决的问题。作者撰写调查报告有一个明确的写作意图，是向读者宣传某些观点，传递某些信息，提出某些建议。因此，写调查报告要注意其社会效益，努力寻求主观和客观、目的和效益的有机统一，做到有的放矢。目的的针对性越强，调查报告的质量越高，发挥的作用也就越大。同时，调查报告的针对性也表现在必须有明确的读者群体。针对不同的读者群体，调查报告的整体结构、表现手法、写作风格等方面会有较大的差别。

4. 语言简洁凝练、通俗易懂

调查报告应具有简明扼要的表达方式，条理清楚地叙述事实，不要追求事件的曲折波澜，只求叙述清楚。在表述时不使用夸张、虚构、想象等文学表达方式，也不使用华丽的语言和过多的描写去着意渲染。它要求用尽可能少的文字，做到言简意赅、精练准确，资料与基本观点一致，论点和论据一致。

因为调查报告是面向社会大众，语言要力求通俗易懂、朴实无华、平易近人，切忌专业术语满篇、专业词汇整段。在调查报告中，大量使用数字、图表是很常见的，但同时也应注意数字的使用要精准、恰到好处，防止数字文学化，即整篇整段的数字符号，那样就大大削弱了数字的表现力。在调查报告中，使用汉字与阿拉伯数字应统一，特别是在农村经济调查报告中出现经济词汇、经济术语是很频繁的，要在这些词汇术语出现的地方做出专门的解释，以让读者明白。

5. 知识的综合性及对研究过程的高度概括

一篇调查报告所涉及的知识相当广泛，除涉及一般基础知识，如经济学、社会学、统计学、部分数学等知识外，还会涉及计算机知识、语言修辞等方面的常识。调查报告是研究过程的叙述，但又不是对研究过程的全盘照搬，而是择其主要论点和论据对研究过程的高度概括。它省略了研究过程中运用多项指标、多种统计方法进行试算的过程，而且也不需要对方法的基本原理、特点、推导过程和运算步骤进行过细的讨论，而是通过论点和主要论据的联系直扣主题。

6. 很强的实用性

调查分析报告是调查工作的最终成果，它不但包含了统计数据反映的信息，更为重要的是，它还能进行分析研究，能进行预测，能指出工作中的不足和问题，能提出有益于今后工作的措施和建议，从而直接满足党政领导和社会各界在了解形势、制定政策、编制计划、经营管理、检查监督、总结评比、科研教学等方面的实际需要。

四、调查报告的作用

1. 综合性调查报告的作用

综合性调查报告能使人们对一个地区或者一个县的农村社会情况有一个比较完整的了解，有一个整体的概念，能用一条主线把报告内容串连起来。例如，费孝通教授的《禄村农田》的主线就是观察以农业为主业的农民在农村社会里是如何生活的。

2. 专题性调查报告的作用

专题性调查报告的主要作用是及时研究亟须解决的具体的实际问题，迅速反映群众的意见和要求，揭露现实生活中的矛盾，并根据调查结果提出对策建议。

3. 应用性调查报告的作用

应用性调查报告的主要作用是解决现实问题，通过认识社会、揭露问题、总结经验，提出政策对策。

4. 学术性调查报告的作用

学术性调查报告的作用在于开阔人们的眼界，启迪人们的思想，使人们能更好地认识客观事物，探索和掌握事物发展的客观规律。

第二节
农村社会经济调查报告的格式和结构

一、调查报告的基本格式

（一）调查报告的标题

调查报告的标题即题目，是调查报告的重要组成部分，也是调查报告是否吸引读者的首要因素。标题要求鲜明、醒目，它是由调查对象、调查内容来确定的。调查报告的标题是调查报告中重要的组成部分，是调查报告最简明、最有力的概括和体现，是作者与读者传递调查分析信息的第一个通道，也是调查分析信息发生作用的起点。由于标题的帮助，信息才能迅速被人们所确认，使之基本了解全文的基本观点和格调，从而诱发阅读的兴趣。调查报告的标题，通常有以下几种形式。

1. 用调查对象和主要问题作标题

例如，"农民财产性收入调查"，就属于用调查对象和主要问题作标题。这种形式的标题指明了调查对象，概括了报告的主题，比较简明、客观，但比较呆板，缺乏吸引力。这种形式的标题多用于综合性、专业性较强的调查报告。

2. 用一定的判断或评价作标题

例如，"依靠农业科技进步是农业发展的根本所在"，就属于用一定的判断或评价作标题。这种形式的标题，既揭示了主题，表明了作者的态度，也比较吸引人，但调查对象和所要研究的问题在标题中往往不易看出。这种形式的标题多用于总结经验、政策研究、支持新生事物等类型的调查报告。

3. 用提问的形式作标题

例如，"当今青年农民在追求什么"，这类标题的突出特点是十分吸引人们的注意力，有利于调动读者进一步阅读的欲望。应用性调查报告经常采用这类标题。

4. 双标题式标题

例如，"他们也有爱的权利——对农村老人婚姻问题调查"，这类标题是由主标题和副标题共同构成调查报告的标题。主标题下设副标题，副标题起着进一步说明主标题的作用。

标题的写法虽然灵活多样，但有一点要十分注意，就是"文"要对"题"，即调查报告的标题要与调查报告的内容相符，不能为了引起读者的注意而使用超出调查报告内容的标题。在突出报告主题的原则上，可以适当注意标题的新颖、活泼。

（二）调查报告的导言

导言又可称为前言、序言，是调查报告的第一部分，它的主要任务是向读者对已经完成的调查作一个简单的介绍，使他们获得一个初步印象，以期引起他们的注意和兴趣。导言的主要内容包括调查的背景、目的、内容、对象、时间、地点、方法等。导言部分一般文字较少，简明扼要。一般来说，导言有以下几种写法。

1. 主旨直述法

主旨直述法是在序言中着重说明调查的主要目的和宗旨。这种写法，有利于读者准确地把握调查报告的主要宗旨和基本精神，是一种常见的序言写作方法。

2. 情况交代法

情况交代法是在序言中着重说明调查工作的具体情况。这种写法，有利于读者了解进行调查工作的历史条件和调查研究过程中的具体情况，多用于比较大型的调查报告。

3. 结论前置法

结论前置法是在序言中先将调查结论写出来，然后再在调查报告的正文中去论证。这种写法开门见山，使读者对调查报告的基本观点一目了然，因此也是一种较为常见的序言写法。

（三）调查报告的主体

调查报告的主体部分，是整篇调查报告的最主要部分，所占的篇幅最大，内容也最多。在调查过程中所收集到的大量材料，通过对材料的分析而得到的一些重要发现，都集中在这一部分，在主体结构上必须精心地安排。

它用来反映调查研究的成果。这些成果可概括为两方面：一是通过调查获得的客观情况；二是通过研究获得的理性认识。客观情况中，尤其要注意反映变化和发展的新鲜、独特的情况，因为这些情况对读者最有价值和吸引力。调查报告在反映理性认识的成果方面，主要表现为总结典型经验、做法、问题；对情况做理性的分析和判断；把客观事实上升到理性高度，并从中提炼出带普遍性、规律性的东西；提出对策和建议等。

（四）调查报告的结尾

结尾是调查报告的结束语。它与调研报告的开头同等重要。调查报告的结尾，主要用来归纳或总结全文，或对讨论结果做简要的说明，或说明存在的问题和改进的对策与建议，或补充说明未尽事项。结尾部分在写作上的总体要求是：语言要精练，陈述要明确，可以简明扼要地列出几点，清晰地表明调查研究的主要结果以及研究者的看法和观点。好的结尾，可以帮助读者加深认识，明确题旨，引起思考。

（五）调查报告的参考文献

参考文献是作者在整个调查研究和撰写报告的过程中借鉴、引用的一些主要文献，包括重要法规、论文、图书、报告、会议讲话等。凡学术型和探索研究型调查报告都要在报告的末尾列出参考文献。这样做一方面体现了科学的、实事求是的研究态度；另一方面也为同一领域的研究者提供了一个参考的文献索引。

（六）调查报告的附录

附录是放在参考文献之后，不宜在正文中说明，又需要读者了解的各种资料。包括对了解和认识正文内容有重要意义的补充材料；不宜或不便编入正文的有重要参考价值的材料；满足某些特定读者需要的材料；重要的推导、统计图表等。

二、调查报告的结构

调查分析报告的结构是指文章内部的组织构造。统计分析报告的结构是调查分析报告的"骨骼"。结构的好坏，直接影响表达效果的好坏。好的结构可以使主题鲜明突出，内容层次清楚，材料衔接自然，全文统一完整；可以充分地体现客观事物的发展规律和人们对它的认识过程。

调查分析报告的结构没有固定的模式，由于写作目的、反映的内容、表现的角度和认识的水平不同，因而形式也有所不同。但就客观事物的发展规律来看，调查报告正文常用的结构形式有三种，即纵式结构、横式结构和混合式结构。

1. 纵式结构

按照事物发展的来龙去脉和时间顺序来反映情况，或按照调查研究的过程来组织内容。这种结构的优点是事实有头有尾，过程清清楚楚，便于做到历史和逻辑的统一，而且便于读者了解事物发展的全部过程。

2. 横式结构

按照事物的特点、性质或类型，把正文分成几个部分，并列排放，分别叙述。这种横式结构的优点是问题展得开，论述较集中，而且观点明确，条理清楚，有较强的说服力。

3. 综合式结构

它综合了纵式结构和横式结构的模式。通常有以下两种方式：一种是以纵为主，纵中有横；另一种是以横为主，横中有纵。这种纵横交错式的结构，既有利于按照历史脉络讲清问题的来龙去脉，又有利于按问题的性质、类别展开论述。因此，许多大型调查报告的正文部分多采用这种结构。

第三节

撰写农村社会经济调查报告的基本要求和步骤

一、撰写农村社会经济调查报告的基本要求

1. 明确读者身份

报告是为特定的读者撰写的，可能是客户机构的决策者，也可能是其他有关人士，因此，不但要考虑这些读者的职责、知识、能力、对调查项目的兴趣，还应当考虑他们可能在什么环境下阅读报告，以及他们将如何使用这个报告。

2. 主题的提炼与深化

调查报告的主题必须是调查研究工作的结论和最终成果的体现，是对课题主题的验证、阐发、深化和具体化，是客观事物本质和规律的真实、集中的反映，只有这样的主题才能构成调查报告的中心思想。

3. 内容表达力求准确客观

调查报告的突出特点是用事实说话，应以客观的态度撰写报告。在文体上，最好用第三人称或非人称代词，如"作者发现……""笔者认为……""据发现……""资料表明……"等。所谓准确，就是报告要能反映客观事物的本质，调查报告的生命力就在于有大量的事实作为依据，就在于它真实可信。怎样才能做到"准确"呢？首先，报告撰写者要有正确的立场、观点和方法，才能分清是与非、善与恶、美与丑的界限。其次，要注意选词造句。词是逻辑思维的最基本单位，是进行判断、推理的基础。此外，句子要合乎语法，推理要合乎逻辑，句子与句子之间要连贯。

引用的文字资料要认真进行审查，引用的数据资料必须经过审核，有些数据能否公布或发表，应征得有关部门的同意或批准。调查报告中的事实一定要反复核实，做到事实准确无误。报告的行文语气要中肯，不要似是而非、模棱两可。

4. 行文流畅，易读易懂

报告应当易读易懂，叙述有逻辑性，使读者能够很容易弄懂报告各部分内容的内在联系。尽量使用简短、直接、清楚的句子，把事情说清楚。调查报告不宜写得太长，应尽量写得短一些、精练一些。

5. 灵活运用各种图表

用表格、图表、照片或其他可视物品来补充正文中关键的信息是十分重要的。直观可

视的图表对帮助报告撰写者和读者之间进行交流是很有好处的，也可以增强报告的明了程度和效果。

6. 格式外观要规范专业

最后呈交的报告应当是高度专业、高度规范化的文本，印刷格式整齐而不呆板，字体的大小、空白的预留恰到好处，而且纸张质量好，打印装订都够标准。所有这一切对报告的可读性和评价都会有很大的影响。

二、农村社会经济调查报告的撰写步骤

1. 确立和提炼主题

主题是调查报告的中心思想，是生命力。要通过对资料的认真分析、思考，找出带有规律性的东西，得出正确的结论，确立报告的主题。在一般情况下，调查报告的主题就是该项调查的主题，即调查报告所要反映的中心问题，也就是整个调查的中心问题，二者往往是一致的。

2. 拟订提纲

主题确立后，应先构思好调查报告的整体框架，并进一步将这种框架转变为具体的写作提纲。如果说主题是调查报告的灵魂，那么提纲就是调查报告的骨架。

拟订提纲的主要作用是理清思路，明确调查报告内容，安排好调查报告的整体结构，为实际写作打下基础。拟订写作提纲的方法是对调查报告的主题进行分解，并将分解后的每一部分进一步具体化。

3. 选择材料

调查报告所用的材料通常包括两方面的内容：一种是从调查中得到的各种数据、表格、事例等客观材料；另一种是在这些客观材料的基础上通过分析、综合、概括所形成的观点、认识、建议等主观材料。两者相互联系、相互依赖，共同构成填充调查报告的框架和内容。

4. 撰写调查报告

撰写报告时通常要从头到尾一气呵成，而不要经常地在一些小的环节上停下来推敲修改，以免耽误过多时间。这样做的好处是便于整个调查报告紧紧围绕所确立的主题来展开，使得调查报告在整体思想、体系结构、内容形式、行文风格等方面都前后一致，浑然一体。当调查报告初稿写完后，再反复地从头阅读、审查和推敲每一个部分，认真地修改好每一个细节，使调查报告不断丰富和完善。如果是一个大型的调查报告，则还需进行分工协作。

（1）做好分工 主要是根据参加调查的人数、调查对象素质和报告的格式，将报告的

几个部分、若干问题落实到人或组。人多可以以组为单位定任务,人少可以按人头和素质定任务。

(2) 分头起草　参加起草报告的每一个调查者,要以一种对工作极端负责的精神,完成好自己所负担的任务。分头写作的质量是对业务素质最实际的检验,也是最实际的学习和锻炼,每个研究者应该自觉地严格要求自己,在实践中考验自己,提高自己。

(3) 集体会审　这一步主要是在分头写出草稿的基础上,主持人把大家集中起来会审。会审的通常做法是,先按照报告格式前后的排列顺序,由主笔人先念一遍,使参加起草的每一个研究者对草稿全文有一个整体概念,而后按报告格式的先后顺序,由主笔人念一个部分,大家评论一个部分,或念一段,议一段。

会审的主要任务是看分头起草的第一个部分是否反映了事物的本质、是否有新意、是否偏离了主题、是否生动感人、是否前后重复。按照这个总的要求,看哪一部分可以交稿、哪一部分还需要修改,修改什么,怎么修改,群策群力,发表具体的意见和建议。

如果修改的只有一两个问题,则一般不用第二次会审。如果大部分问题需要作较大的返工,就需要组织第二次乃至第三次会审,达不到要求,决不放过。这样严格要求,便是对工作负责,可以保证质量,可以把集体会审变成业务培训,不断提高业务素质。

修改是对初稿作进一步加工,是保证和提高写作成品质量的重要环节。强调修改,因为修改是作者认识深化的需要。认识事物不可能一次完成,文章是作者认识事物的书面反映,当然也不可能一次完成。通过修改,作者对写作对象的认识才会由浅入深,由粗放到精细,由不全面到全面,直至完善。强调修改,也是对读者负责。

(4) 集中统稿　这一步是主持人在大家分头起草的基础上,把各部分集中起来,从头到尾进行一次过细的把关、定稿工作。任务是取消重复的、多余的内容,调整不科学的顺序,纠正片面性,深化基本思想,润色各段文字。

(5) 定稿的审核与完善　定稿是经过修改后上报或送出去发表的稿子。在一个写作集体中,定稿是由主要负责人或者主要负责人指定的人来完成的。其主要任务是对文稿进行全面、统一的审核和修改。如果发现重大问题,或发回原作者再行修改,或重新审核内容和形式两个方面。对内容的审核,一要看全文的重要概念及基本观点是否正确,是否有说服力,是否与现行的政策、法律矛盾,是否适应读者需要;二要看主要内容是否有针对性,是否对解决实际或理论方面的问题具有一定价值;三要看使用的材料是否翔实、可靠、典型、完整;四要看引用的其他文字以及其他形式的资料是否准确和有出处。对形式的审核也有四个方面:一要看全文思路和条理是否清楚;二要看是否符合文体与语体要求,其格式是否规范、合理;三是看文字、图表是否符合要求;四是看参考文献的著录、标点符号的运用、数字的用法等是否符合国家标准的规定。

案例　关于农村集体经济发展情况的调研报告

一、基本情况

近年来，区政府高度重视农村集体经济发展，紧紧围绕美丽乡村建设等重点工作，全力推动农业农村经济转型升级，农村集体经济保持稳步发展，各项经济指标均超过预定的工作目标。

（1）加大财政补助力度　建立村级运转财政补助机制，2009年开始连续8年对行政村实行运转补助，累计投入金额1.36亿元，有效确保了行政村的正常运转。

（2）实施农村环境整治　2011年开始，区政府制定实施三年美丽乡村行动计划，2015年对A镇10个村实施美丽乡村升级版的整治建设，2016年又启动B镇5个村、C镇2个村的全域化美丽乡村建设，镇综合整治也带动了其他7个村的整治建设。农村地区的环境面貌、设施配套和道路交通得到了有效的提升，为壮大集体经济创造了良好的条件。

（3）开展农村土地流转　从2018年年初开始，在E、F地区开展农村土地承包经营权流转工作，累计流转土地约2.52万亩❶，并已引进两家规模企业，发展现代农业产业园区。通过现代产业园的引进带动，将提升村集体建设用地和现有房产的潜在价值与经济收益，为村集体经济的进一步发展拓展了渠道。

（4）启动整村连片搬迁　近年来，区政府花大力气、大手笔对E、F部分行政村实施整村搬迁，着力通过引进大项目、大平台，促进农村集体经济发展。产业园、国际公学等项目已经确定落户，景区打造和新区建设将覆盖铜G村、H村等。通过整村搬迁后大项目的引进，为集体经济的发展壮大带来了前所未有的机遇。

二、当前农村集体经济发展存在的问题

① 部分村集体经济发展水平较低，收支难以平衡。2016年全区36个行政村村集体可分配收入约6292.9万元，平均每个村约174.8万元。其中50万元以下有3个村，最低的I村25.1万元。50万~100万元有10个村，100万~200万元有8个，200万~300万元有12个，300万元以上有3个，最高的J村732.02万元。2016年村级集体总支出约8842.03万元，村均支出约245.6万元，27个村出现财务赤字，合计赤字总额3132.5万元，平均赤字约87万元。

② 村级集体组织"造血功能"相对不足，收入来源单一。一是政策因素对村集体收入影响较大。二是保值增值缺乏有效途径。三是项目落地较为困难。

③ 村级集体组织"刚性"支出逐年增加，村级运行压力增大。一是村级日常

---

❶ 1亩≈666.67平方米。

支出负担加重。二是长效管理支出大大增加。三是村级债务负担过重。

④ 保障农村集体经济发展的制度不够完善，可持续发展缺乏后劲。一是村集体资产管理机制不够完善。二是扶持机制不够完善。三是对村干部的激励机制不够完善。

三、对发展壮大农村集体经济的建议

党的十九大报告作出了实施乡村振兴战略的新部署，提出要坚持农业农村优先发展，按照产业兴旺、生态宜居、乡风文明、治理有效、生活富裕的总要求。根据这一要求，结合我区实际，现就进一步发展壮大我区农村集体经济，提出如下建议。

(1) 转变发展观念，高度重视农村集体经济发展工作 一要高度重视。二要明确目标。三要精准施策。四要强化指导。要把发展农村集体经济作为部门、镇街以及各级领导的重要工作任务，大力推行领导干部联系经济薄弱村、部门和企业联村结对等制度，持续对各村进行指导与帮扶。要坚持因村制宜、分类指导，积极向各村提供切合实际的具有政策性、前瞻性、可操作性的精准指导，帮助农村集体经济发展壮大。

(2) 拓宽发展思路，探索发展农村集体经济的新途径 一要整合资源增收。二要依托项目增收。三要挖掘潜力增收。四要合作发展增收。支持和引导村集体以土地、物业等资源，以保底分成的方式合作、入股，稳妥参与景点打造、产业投资、基础设施建设投资等，促进农村集体经济投资多元化发展，实现资产管理向资本运营的转变，提升村集体经济发展质量。

(3) 加大扶持力度，促进农村集体经济快速发展 一要加大政策扶持力度。二要加大财政扶持力度。三要加大向上争取力度。加强与上级相关部门的联系沟通，加快符合条件的行政村撤村建居步伐。

(4) 健全长效机制，增强农村集体经济发展后劲 一要规范"三资"管理机制。二要建立典型带动机制。三要防范风险，建立村级债务化解机制。要严格落实债务化解责任制，控制新增债务，建立健全举债申报审批制度、债务动态监测和预警机制，规范举债行为，坚决防止盲目举债，严防发生新的不良债务。

(5) 加强基层建设，加快农村集体经济自我发展 一要强班子。加强对村"两委"班子领导发展集体经济知识和技能的培训，提升发展农村集体经济的能力，着力培养造就一支懂农业、爱农村、爱农民的"三农"工作队伍。二要抓考核。三要重自治。进一步健全自治、法治、德治相结合的乡村治理体系。制定与完善村规民约，将美丽乡村建设长效管理纳入村规民约的重要内容，明确奖罚举措，引导村民树立主人翁意识，转变生活观念，消除乱扔垃圾、乱吐痰等陋习，减少村级管理支出。

启示：这是一份以某区人大常委会组织撰写的调研报告，是在深入基层开展座谈交流，广泛听取了包括区人大代表在内的各方意见和建议的基础上完成的，使用的材料翔实、可靠、典型、完整。

小思考

你认为这份调查报告的写作优点是什么？还存在哪些问题？

本章小结

农村社会经济调查报告分为应用性调查报告与学术性调查报告、描述性调查报告与解释性调查报告、综合性调查报告和专题性调查报告。调查报告具有客观准确性和时效性、相对确定的结构、鲜明的目的性、简洁凝练且通俗易懂的语言、知识的综合性、对研究过程的高度概括性，以及具有很强的实用性等特点。它的主要作用可以概括为三个方面：展示调查研究结果，充当决策参考文件，提供工作质量证明。调查报告要对社会经济调查项目进行准确、完整、详细的描述，必须具备以下内容：调研目标、主要背景信息、调研方法的评价、以表格或形象化的方式来展示调研结果、调研结果摘要、结论等。一份完整的社会经济调查研究报告一般由标题、导言、调查报告主体（正文）、结尾、参考文献、附录等几部分组成。农村社会调查报告的撰写步骤主要是：确立和提炼主题、拟订提纲、选择材料、撰写调查报告。

思考与练习

1. 一份详细的调查报告应包括哪些基本内容？
2. 调查报告的特点和作用是什么？
3. 就你关心的社会问题进行一次社会调查，并写出一份调查报告。

PPT 课件

参 考 文 献

[1] 风笑天. 现代社会调查方法[M]. 3 版. 武汉: 华中科技大学出版社, 2005.
[2] 风笑天. 社会学研究方法[M]. 北京: 中国人民大学出版社, 2009.
[3] 杜子芳, 付海燕. 社会经济调查方法与实务[M]. 北京: 中国原子能出版社, 2009.
[4] 吕亚荣. 农村社会经济计查方法[M]. 2 版. 北京: 中国人民大学出版社, 2018.
[5] 范水生. 农村社会调查[M]. 北京: 中国农业出版社, 2007.
[6] 陈卫洪, 洪名勇. 农村经济调查[M]. 北京: 中国经济出版社, 2012.
[7] 李沛良. 社会研究的统计运用[M]. 北京: 社会科学文献出版社, 2002.